PROJEKTREIHE
KINDERGARTEN

ICH BIN ICH

Anja Mohr · Rebecca Meyer

Kaufmann Verlag

Inhalt

1 DAS BIN ICH

2 ICH UND MEINE GEFÜHLE

3 ICH UND DIE ANDEREN

KOPIERVORLAGEN

Liebe Erzieherinnen und Erzieher,

Ich bin ich, du bist du, wir sind wir und jeder ist anders: Kinder entdecken im täglichen Umgang mit Menschen Unterschiede und Ähnlichkeiten in Aussehen und Verhalten. Sie erleben, dass jeder anders ist – zunächst in der Familie, später in Krippe und Kindergarten. Heute wissen wir, dass Kinder schon sehr früh damit beginnen, sich mit anderen zu vergleichen. Für eine gute Persönlichkeitsentwicklung ist genau das auch wichtig. Genauso wichtig ist es, sich mit seinem eigenen Ich auseinanderzusetzen, sich und seine Besonderheiten zu kennen und zu mögen. Denn zum „Ich-Sein" gehört so vieles dazu: unser Körper, das Aussehen, unsere Gefühle und Gedanken und natürlich die Interaktion mit anderen.

Ein Projektthema wie „Ich bin ich" vereint darum auch verschiedene Erfahrungsfelder:

- „Das bin ich" – sich selbst erfahren („Wie sehe ich aus?", „Was kann ich?") ist wichtig, damit sich Kinder selbst positiv gegenübertreten können. Das gelingt ihnen, wenn sie die Möglichkeit erhalten, sich selbst auf liebevolle Weise zu entdecken und wertzuschätzen.
- „Ich und meine Gefühle": Unter dem Gesichtspunkt beschäftigen die Kinder sich mit dem, was tief in ihnen vor sich geht, lernen Gefühle wie Wut, Freude, Traurigkeit kennen und einordnen.
- „Ich und die Anderen" zeigt, wie ich mit anderen umgehe, wie sich Freundschaften entwickeln. Denn Freundschaften und soziale Beziehungen sind für die Entwicklung des eigenen Ich nicht nur hilfreich, sondern auch unerlässlich.

In diesem Heft unternehmen Sie mit den Kindern eine Reise ins eigene Ich. Behutsame Begleitung ist hier ganz besonders wichtig, genauso wie der freundliche Blick auf die Kinder und auch sich selbst.

Das Motto unserer „Projektreihe Kindergarten"
Alle Ideen sollen Sie bei der Arbeit kompetent und zielführend unterstützen.
Darum sind sie:

- schnell einsatzbereit und leicht umsetzbar,
- in der Praxis mehrfach erprobt und für gut befunden,
- differenziert auf den Erfahrungs- und Wissenshorizont von Kindern im Alter von drei bis sechs Jahren ausgerichtet,
- klar strukturiert und im Buch schnell zu finden.

Ich wünsche Ihnen und Ihren Kindern ganz besonders viel Spaß mit „Ich bin ich"!

ANJA MOHR

1

DAS BIN ICH

Im ersten Kapitel betrachten sich die Kinder einmal selbst – und zwar ganz genau. Die Auseinandersetzung mit dem eigenen Körper und den Sinnen ist eine wichtige Grundlage für die Entwicklung der Selbstwahrnehmung und steht deshalb ganz am Anfang des Projekts.

1 So sehe ich aus

SACHGESPRÄCH MIT KREATIVAKTION

ALTER ab 3 Jahren

ZIELE Sprache, Beobachtung, Feinmotorik, Eigenwahrnehmung

MATERIAL Ganzkörperspiegel, Papierrolle von 1 m Breite (alternativ Tapetenbahn), Fingerfarben, Pinsel, Bleistift, Schere, Kreppklebeband

Ein Blick in einen Ganzkörperspiegel lässt uns erkennen, wie wir aussehen. Wir erkennen unser Gesicht, können unsere Kleidung an uns wahrnehmen und erleben, wie verschiedene Körperhaltungen auf andere wirken. Ein Ganzkörperporträt von sich selbst zu malen, macht den Kindern dann bestimmt Riesenspaß.

Schneiden Sie für jedes Kind von der Papierrolle eine Bahn von ca. 1,30 m ab.

Im Sitzkreis können die Kinder ihre Körperteile benennen. Meistens hat jeder andere diese Körperteile auch: Wir alle haben in der Regel zwei Arme, zwei Beine, einen Bauch, einen Kopf, zwei Augen, eine Nase usw. Aber sehen diese Körperteile auch bei allen Menschen gleich aus? Stellen Sie den Ganzkörperspiegel dazu und die Kinder dürfen sich in diesem betrachten. Was ist anders an mir als bei den anderen? Lassen Sie die Kinder auf Entdeckungsreise gehen. Sehr bald werden die Kinder ihre Haar- und Augenfarben und ihre Größe vergleichen.
Klammern Sie die Kleidung bewusst aus.

Möchten sich die Kinder nun gern selbst malen und dabei immer wieder an ihrem Spiegelbild orientieren? Fixieren Sie die Tapetenbahnen mit Klebeband auf dem Boden. Die Kinder bilden immer Paare: Ein Kind hat nun die Aufgabe, sich mit leicht gespreizten Armen und Beinen auf die Bahn zu legen. Das andere Kind umfährt dessen Körper mit einem Bleistift. Anschließend ist das zweite Kind an der Reihe.
Jetzt sollen die Umrisse farblich mit den Fingerfarben und einem Pinsel ausgestaltet werden. Wichtig ist, dass das Bild, das nun entsteht, dem Vorbild so ähnlich wie möglich ist – das heißt, Haar- und Augenfarbe, Besonderheiten und Kleidung sollten den persönlichen Merkmalen des Kindes entsprechen. Dafür dürfen sich die Kinder immer wieder im Spiegel betrachten.
Nach dem Trocknen schneiden die Kinder den Umriss aus. Hängen Sie diesen an die Wand. Jetzt werden die „Bilder" mit dem „Original" verglichen. Dazu stellt sich das jeweilige Kind daneben. Die anderen Kinder haben jetzt die Aufgabe, Gemeinsamkeiten zwischen dem Bild und dem „Original" festzustellen.

TIPP Fotografieren Sie die Kinder und hängen Sie auch noch das Foto daneben!

2 Mein Gesicht

KREATIVAKTION

ALTER ab 4 Jahren

ZIELE Wissen über sich selbst, Gesichtsmerkmale kennenlernen

MATERIAL Spiegel / Handspiegel, Klarsichtfolie / Prospekthüllen, Fingerfarben, Pinsel, buntes Papier DIN A4, Klebestreifen, Schere

Ein Blick in den Spiegel zeigt uns unser Gesicht und lässt uns erkennen, was andere davon zu sehen bekommen.

Schneiden Sie die Prospekthüllen so auseinander, dass zwei Blätter entstehen.

Was befindet sich in unserem Gesicht? Diese Frage stellen Sie den Kindern im Sitzkreis. Geben Sie einem Kind einen Handspiegel. Möchte das Kind nun einmal genau beschreiben, was es in seinem Gesicht alles erkennen kann: die Augenfarbe, die Haarfarbe, vielleicht gibt es Sommersprossen, ein Muttermal, Narben, eine Brille, eine schöne Haarspange ...? Kommen Sie mit den Kindern ins Gespräch, was sie von anderen unterscheidet oder welche Gemeinsamkeiten vorhanden sind. Erklären Sie den Kindern die Aufgabe, die sie nacheinander vor dem großen Spiegel durchführen sollen. Das Kind darf sich so nah vor den Spiegel stellen, dass es sein Gesicht genau erkennen kann. Auf den Spiegel wird in Höhe des Gesichtes eine Hälfte der Prospekthülle geklebt. Auf diese malen die Kinder nun ihr Gesicht so, wie sie es im Spiegel sehen. Dazu dürfen sie die Fingerfarben und Pinsel verwenden. Nacheinander führen die Kinder die Aufgabe durch. Helfen Sie den Kindern, die Folie am Spiegel zu befestigen. Nehmen Sie diese jeweils nach der Malaktion ab und legen Sie sie zum Trockenen zur Seite.

Haben alle Kinder die Aufgabe beendet und sind die Folien getrocknet, kommen alle noch einmal zu einem Kreis zusammen und bringen ihr „Gesicht" mit. Die Kinder halten die Folie vor ihr Gesicht. Lassen Sie die Kinder darüber diskutieren, ob die Gesichter gut getroffen sind. Nach dieser Aktion können die Kinder auf Wunsch ihre Gesichter mit Klebestreifen auf ein Blatt kleben. Auch schön: Die Kinder hängen ihre Gesichter ans Fenster.

3 Augen, Nase, Mund und mehr

SPIELAKTION

ALTER ab 3 Jahren

ZIELE Selbstwahrnehmung, Gesichtsausdruck kennenlernen

MATERIAL Handspiegel, Malblätter, Stifte

Das eigene Gesicht haben die Kinder nun entdeckt. Doch was kann mein Gesicht? Und wie wird es von anderen wahrgenommen? Die Kinder erhalten hier die Möglichkeit, dies anhand eines Textes auszuprobieren.

Im Sitzkreis sprechen die Kinder noch einmal über ihre Gesichter. Nun bekommt jedes Kind einen kleinen Handspiegel. Auch hier geben Sie den Kindern etwas Zeit, um sich in Ruhe zu betrachten. Danach darf jedes Kind im Kreis eine besondere Grimasse vormachen.
Möchten die Kinder nun eine kleine Geschichte nur mit dem Gesicht vor ihrem Spiegel mitspielen? Lesen Sie den Text sehr langsam vor und geben Sie den Kindern Zeit zum Ausprobieren. Wenn nötig, wiederholen Sie eine Textstelle, bis die Kinder den passenden Ausdruck „gefunden" haben. Dabei dürfen sich die Kinder natürlich auch gegenseitig helfen.

Ich schaue in den Spiegel und sehe mein Gesicht.
Ich sehe zwei Augen, eine Nase und einen Mund.
Mein Mund kann pusten und husten, sich öffnen und sich schließen.
Meine Nase kann riechen und niesen.
Meine Augen können blinzeln und sich schließen.
Ich schneide eine Grimasse
und ich lache über mich.
Ich schaue in den Spiegel und probiere vieles aus.

Nach der Geschichte können sich die Kinder austauschen: Was haben sie entdeckt, als sie ihr Gesicht zum Text bewegten? Um die Wahrnehmung des Gesichts auf andere noch zu verdeutlichen, bitten Sie zwei Kinder, sich gegenüberzustellen, und der Text wird wieder vorgelesen. Die beiden Kinder beobachten nun jeweils ihr Gegenüber, während sie den Text nachspielen.
Wer möchte, der darf im Anschluss sein Gesicht mit einem bestimmten Ausdruck malen.

4 Schau-genau-Spaziergang

SINNESWAHRNEHMUNG

ALTER ab 3 Jahren

ZIELE das Sehen bewusst machen

MATERIAL Sitzkissen

Das Sehen soll hier bewusst erlebt und begriffen werden. Die Kinder werden ermuntert zu sagen, was sie sehen. Weiterhin steht das Sehen und Bewegen in einem engen Zusammenhang.

Kommen Sie mit den Kindern im Bewegungsraum zusammen, damit sie Platz haben, sich frei zu bewegen. Im Sitzkreis können die Kinder beschreiben, wozu man die Augen braucht und was sie gerade jetzt alles damit sehen können. Stehen Sie auch auf und gucken Sie nach, was oder wen alle gerade draußen vor dem Raum sehen können. Setzen Sie Ihren Schau-genau-Spaziergang noch eine Weile fort, dann treffen Sie sich wieder in der Mitte des Raumes. Legen Sie und die Kinder den Kopf in den Nacken, beugen ihn nach unten, nach rechts und nach links. Was sehen unsere Augen jetzt?

Jetzt rennen alle durch den Raum und stellen fest, dass alles an uns vorbeirauscht.

Wir bleiben stehen, machen die Beine breit, bücken uns nach vorneüber und schauen dabei nach hinten durch die Beine. Alternativ können die Kinder, sofern sie diese Übung beherrschen, auch eine Brücke machen. Die Welt steht nun auf dem Kopf.

Nun können die Kinder probieren, mit geschlossenen Augen von einer Seite des Raums auf die andere zu laufen. Wer traut sich das? Jetzt verstehen alle: Das Sehen und das Bewegen stehen in Zusammenhang.

5 Spürnasen auf Streifzug

SINNESWAHRNEHMUNG

ALTER ab 3 Jahren

ZIELE das Riechen bewusst wahrnehmen

MATERIAL 8 verschließbare Dosen oder Behälter, Honig, Marmelade, Essig, Tee, Kaffee, Käse, Schokolade, Orangensaft, Tablett

Nicht nur die Augen sind wichtig, um die Welt wahrzunehmen. Der Geruch, den wir wahrnehmen, lässt uns die Bilder, die wir sehen, lebhafter erscheinen.

Füllen Sie jeweils eine kleine Menge der aufgezählten Zutaten in je eine Dose oder einen Behälter. Hierzu können Sie auch gut kleine Einmachgläser benutzen, die Sie mit Papier rundherum bekleben oder undurchsichtig bemalen.

Im Sitzkreis zählen die Kinder auf, was man alles so riechen kann. Gar nicht einfach, möglicherweise müssen Sie die Kinder unterstützen, indem Sie auch fragen, was gut und was schlecht riecht.
Teilen Sie die Gerüche in zwei Gruppen: Was rieche ich gerne, was ist angenehm? Was möchte ich nicht riechen bzw. mir lieber die Nase zuhalten?
Rufen Sie bei den Kindern gedankliche Riechergebnisse hervor, z. B.: „Was kann man riechen, wenn man in eine Bäckerei geht?" Weitere gedankliche Besuche können die Kinder in der Fantasie in einen Stall, einen Wald, einen Blumenladen oder einen Drogeriemarkt führen.
Die Kinder können sich auch wechselweise Orte ausdenken und die anderen Kinder antworten, welchen Geruch sie damit verbinden.
Jetzt kommen die vorbereiteten Dosen oder Gläser zum Einsatz: Bitten Sie ein Kind, die Augen zu schließen, und öffnen Sie einen Behälter unter der Nase des Kindes. Das Kind beschreibt, was es riecht, ob der Duft angenehm ist oder eher nicht. Verschließen Sie den Behälter, sodass man von außen nicht mehr erkennen kann, was er enthält. Nun stellen Sie die echten Zutaten auf einem Tablett daneben. Kann das Kind die Riechdose richtig zuordnen? Ob es stimmt, dürfen auch die anderen Kinder überprüfen, indem sie an dem Döschen und am Original riechen. So können Sie fortfahren, bis alle Gerüche zugeordnet sind.

Ziehen Sie mit den Kindern ein Fazit: Wenn wir mit unserer Nase etwas riechen, dann erscheint vor unserem inneren Auge ein Bild, um was es sich dabei handelt.

6 Spitzohr, aufgepasst!

SINNESWAHRNEHMUNG

ALTER ab 3 Jahren

ZIELE das Hören bewusst wahrnehmen

MATERIAL Papier, Klanghölzer, Rassel, Plastikflasche mit Deckel, zwei Löffel, Plastiktüte

Auch die Ohren übernehmen eine wichtige Funktion, um mit der Umwelt in Kontakt zu treten. Durch sie hören wir Geräusche, Musik und auch das gesprochene Wort anderer. Höchste Zeit für ein spannendes Hörquiz!

Was kann man hören, wenn niemand spricht? Das können die Kinder im Sitzkreis herausfinden, wenn sie alle ganz still sind. Nach ca. einer Minute geben die Kinder wieder, was sie gehört haben. Vielleicht gab es Hintergrundgeräusche aus der Küche, dem Flur oder Musik aus einem Nachbarraum?

Die nächste Übung ist, sich die Ohren zuzuhalten und zu hören, wie sich Stille anhört. Was haben die Kinder gehört? War es anders als mit „offenen" Ohren?

Lassen Sie die Kinder auch mal in sich hineinhorchen: Können wir an uns selbst etwas hören, etwa das Atmen, das Schlucken?

Stellen Sie zwei Kinder gegenüber und ein Kind soll sich einen Gegenstand überlegen und seinen Namen „sprechen", ohne dass es einen Ton von sich gibt. Zusätzlich kann der Gegenstand auch noch mit Gebärden beschrieben werden. Wiederholen Sie die Übung und die Kinder wechseln sich dabei ab.

Sprechen Sie darüber, wie schwierig diese Übung ist und wie viel leichter es ist, wenn man den Gegenstand einfach laut benennen kann.

Zeigen Sie den Kindern die vorbereiteten Geräusch-Gegenstände. Alle schließen die Augen. Ein Kind darf sich einen Gegenstand aus der Mitte aussuchen und damit ein Geräusch machen. Danach öffnen alle die Augen. Wer weiß, welcher Gegenstand das Geräusch verursacht hat?

Folgende Geräusche können die Kinder machen:
- mit Papier rascheln
- Löffel aneinanderschlagen
- Rasseln schütteln
- Klanghölzer schlagen
- eine Plastiktüte knüllen
- Flasche öffnen oder Löffel an Flasche schlagen

Lassen Sie die Kinder verschiedene Dinge ausprobieren und auch die Gegenstände mischen. Führen Sie das Spiel so lange weiter, wie Interesse bei den Kindern besteht.

ERWEITERUNG Dazu passt auch das altbekannte „Radiospiel“: Ein Kind verlässt für kurze Zeit den Raum. Ein anderes wird unter einer Decke versteckt. Das wartende Kind kommt nun wieder herein und sagt: „Radio, spiel einmal!“ Das Kind unter der Decke singt oder macht Geräusche oder Töne. Kann der Rater das versteckte Kind nur anhand dieser Geräusche erkennen?

7 Ich kann Töne machen

SPRACHAKTION

ALTER ab 3 Jahren

ZIELE das Zusammenspiel von Mund, Lippen und Atem als Sprache erfahren, Mundmotorik

MATERIAL Trinkhalme (umweltfreundlich), kleines Stück Seidenpapier

Mit unserem Mund können wir sprechen, aber auch Töne von uns geben. Dass dabei aber nicht nur unser Mund beteiligt ist, sondern auch Lippen, Zähne, die Zunge und die Atemluft, verstehen die Kinder in diesem Spiel.

Kommen Sie mit den Kindern im Sitzkreis zu einer Runde „stille Post“ zusammen und flüstern Ihrem Nachbarn ein Wort ins Ohr. Dieser soll es weiter in das nächste Ohr sagen. Das Wort wird so lange weitergegeben, bis es wieder bei Ihnen ankommt. Ist das Wort noch richtig?
Was passiert denn eigentlich, wenn man etwas ins Ohr geflüstert bekommt? Kann man dabei etwas spüren? Die Kinder haben sicherlich schnell die richtige Antwort: Man hat den Atem des anderen am Ohr gespürt. Die Kinder sollen sich jetzt eine Hand ganz leicht vor den Mund halten, die Lippen aber nicht berühren und ganz laut den Satz sagen: „Ich habe Hunger.“

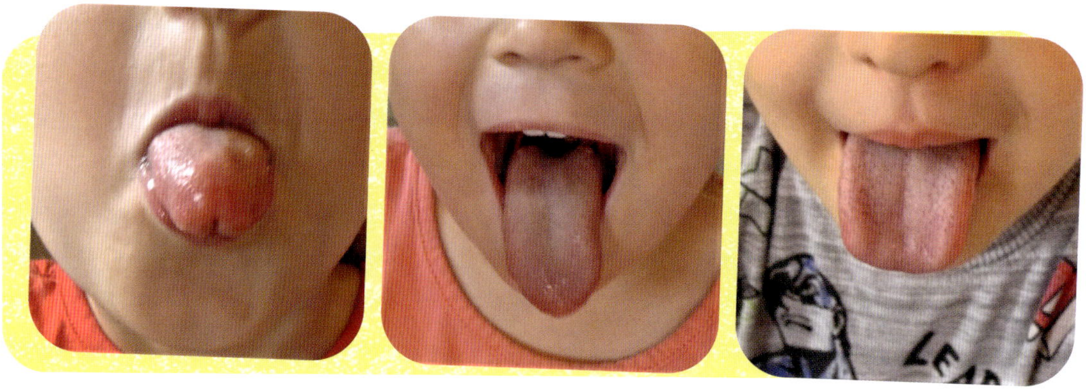

Was haben sie an ihrer Hand gespürt? Den Atem! Denn wenn man spricht, tritt Luft aus dem Mund aus. Nun die Hand an die Lippen legen und den Satz noch einmal sprechen. An der Hand hat jetzt jeder die Lippenbewegungen gespürt.
Machen Sie jetzt verschiedene übertriebene Selbstlaute (A, E, I, O, U) vor. Die Kinder beschreiben die Form ihrer Lippen, wenn sie die Laute machen. Sprechen Sie darüber, dass, wenn sich die Form der Lippen verändert, sich auch der Laut, der aus dem Mund kommt, verändert.
Doch auch im Mund bewegt sich etwas. Die Kinder sollen selbst herausfinden, dass es die Zunge ist, die im Mund eine andere Position einnimmt.
Was kann unsere Zunge alles? Die Kinder dürfen „Kunststücke" vorführen, wie mit der Zunge die Nase berühren, über Zähne und Lippen fahren, die Zunge ganz weit rausstrecken.

Können die Kinder aufzählen, was alles wichtig ist, damit man sprechen kann?
Um das noch einmal zu verdeutlichen, sollen die Kinder sprechen, ohne die Lippen zu bewegen, ohne Luft auszublasen und ohne die Zunge zu bewegen. Was passiert? Wir geben lustig klingende oder gar keine Sprache von uns.

Spielen Sie zum Abschluss das Spiel „wanderndes Papier". Jedes Kind erhält dazu einen Strohhalm und soll einmal durch den Strohhalm blasen und dann saugen. Dann beginnt die Spielrunde. Saugen Sie ein Stück Seidenpapier mit dem Strohhalm an und drehen sich zu ihrem Nachbarn, der wiederum mit seinem Strohhalm das Seidenpapier ansaugt und es seinem Nachbarn weitergibt. Die Schwierigkeit hierbei ist, den Saugvorgang erst abzubrechen, wenn der Nachbar das Papier angesaugt hat. Mit etwa Übung können die Kinder den zweiten Durchgang schon in doppeltem Tempo schaffen.

8 Sooo groß bin ich!

SACHGESPRÄCH MIT KREATIVAKTION

ALTER ab 3 Jahren

ZIELE Körperwahrnehmung, Größeneinheit Zentimeter kennenlernen

MATERIAL Tapetenbahn, Zollstock, Stifte, Notizzettel, grüne Wolle, grüner Tonkarton, verschiedenfarbigen Tonkarton, Schere, Kleber, Fingerfarbe in Grün, Pinsel

Kita-Kinder wachsen durchschnittlich mehrere Zentimeter im Jahr. Sie vergleichen sich gerne gegenseitig, um herauszufinden, wer größer ist. Sie möchten auch sehr gern wissen, wie groß sie in Zahlen ausgedrückt sind. In diesem kleinen spielerischen Gespräch können Sie all das aufgreifen.

Wer ist das größte Kind in der Gruppe? Wissen das die Kinder? Was schätzen sie? Haben die Kinder eine Idee, wie man das überprüfen könnte? Genau: Immer zwei Kinder stellen sich Rücken an Rücken und die anderen Kinder vergleichen, wer größer ist. Dies geht so lange, bis das größte Kind der Gruppe gefunden ist. Sortieren Sie jetzt noch gemeinsam weiter, bis alle Kinder in einer Reihe stehen von groß bis klein. Danach können sich die Kinder noch einmal umstellen: Das kleinste Kind macht nun den Anfang, denn auch Kleinsein ist toll!

Doch wie groß ist denn nun jeder?
Nun kommt der Zollstock oder das Metermaß ins Spiel. Die Kinder können sich dieses einfache Instrument zuerst einmal genau ansehen, es aus- und wieder einklappen. Die Striche auf dem Metermaß sind in einem immer gleichen Abstand angebracht. Dieser Abstand heißt Zentimeter und man kann damit alles Mögliche ausmessen. Nacheinander dürfen sich die Kinder nun messen. Notieren Sie die Größe immer auf einem Zettel und versehen Sie diesen mit dem Namen des Kindes.

Haben die Kinder Lust, sich eine eigene Größenblume herzustellen, die genau angibt, wie groß jedes Kind ist? Schneiden Sie eine Papierbahn von 20 cm Breite und 140 cm Länge zu. Die Kinder bemalen diese Bahn mit grüner Fingerfarbe. Nach dem Trocknen gestalten die Kinder eine Blüte, die am oberen Rand der Bahn angeklebt wird. Hängen Sie die Bahn so an die Wand, dass der untere Rand genau mit dem Boden abschließt. Kleben Sie über die ganze Bahn einen Wollfaden von der Blüte bis zum Boden. Nun können Sie die Größe der Kinder auf verschiedene Arten angeben. Zum Beispiel können die Kinder aus Tonpapier Blätter ausschneiden und am Blumenstängel anbringen. Zusätzlich befestigen die Kinder am Blatt mit einer Wäscheklammer einen Zettel, auf dem der Name des Kindes, das Datum und die Größe in Zentimetern steht. Einfacher geht es, wenn sich die Kinder vor ihre Blumen stellen und Sie einfach dort ein Blatt anbringen, wo der Kopf des Kindes endet.

TIPP Nun können die Kinder sich zweimal im Jahr messen und ihre Blume dann immer mit einem neuen Blatt bestücken. Am Ende der Kindergartenzeit können die Kinder ihre groß gewordenen Blumen dann als Erinnerung mit nach Hause nehmen.

9 Die Reise ins Ich

ENTSPANNUNGSGESCHICHTE

ALTER ab 4 Jahren

ZIELE Fantasie, Vorstellungskraft, Körperwahrnehmung, Entspannen

MATERIAL weiche Unterlage

Der schönste Ort der Welt ist ganz tief in mir drinnen. Mit dieser kurzen Entspannungsgeschichte ins eigene Ich können die Kinder einmal vom Alltag ausruhen und sich erholen. Auch das Körpergefühl und die Selbstwahrnehmung werden dabei gefördert.

Bevor die Kinder den Raum betreten, können Sie je nachdem, wie angenehm dies den Kindern ist, diesen etwas abdunkeln und für jedes Kind eine Unterlage bereitlegen.

Die Kinder können es sich auf den Matten oder Matratzen gemütlich machen. Die beste Entspannungshaltung im Liegen ist hierbei oft die Rückenlage, wobei die Arme neben dem Körper liegen und die Beine ausgestreckt sind. Lesen Sie die Geschichte langsam und mit ruhiger Stimme vor. Dabei immer kurze Sprechpausen einlegen, damit die Kinder die geschilderten Eindrücke in ihrer Fantasie verarbeiten können.

Geschichte

Du liegst ganz bequem. Du machst dich jetzt in Gedanken auf eine Reise durch deinen Körper. Die Reise beginnt an deinen Zehen, spanne sie einmal kurz an, damit du sie genau fühlen kannst. Du kannst jeden einzelnen Zeh genau fühlen.
Denke nun an deine Fußsohlen. Taste sie mit deinen Gedanken ab, von der Ferse über die Mitte bis zu deinem Fußballen.
Mache nun mit deinen Unterschenkeln weiter, deinen Waden. Fahre deine Schienbeine rauf und runter. Du bist ruhig und entspannt. Jetzt fühlst du deine Knie, deine ganzen Beine liegen locker und entspannt.

Die Entspannungsgeschichte

Entspannungsgeschichten oder auch Fantasiereisen und Traumreisen sind erzählte Assoziationen. Es sind Geschichten zum Träumen und Entspannen, die in angenehmer Weise durch das Zur-Ruhe-kommen und das Kraftspenden zu positiven Gedanken und Gefühlen verhelfen.

Gehe jetzt in deinen Bauch. Du merkst, wie sich dein Bauch durch das Atmen bewegt, atme tief in deinen Bauch hinein und fühle ihn ganz bewusst. Du spürst eine angenehme Ruhe und Entspannung in deinen Muskeln.
Jetzt ballst du einmal deine linke Hand ganz fest zur Faust. Dann streckst du nacheinander deine Finger aus. Du spürst, wie sich deine Finger entspannen, wenn du sie lockerst. Zuerst den Daumen, dann den Zeigefinger, den Mittelfinger, den Ringfinger und zuletzt den kleinen Finger. Streichle in Gedanken deine Unterarme und die Oberarme. Deine Arme sind ganz locker, du kannst jetzt fühlen, wie leicht beide Arme sind, ganz schwerelos.
Ganz tief atmest du ein und langsam wieder aus. Fühle dein Kinn und deine Wangen, sie sind auch ganz entspannt. Deine Lippen sind ganz weich.
Denke an deine Zähne, die Zahnreihen berühren sich nicht, deine Zunge liegt ganz ruhig und entspannt an deinem Gaumen. Deine Augen sind geschlossen, die Augenlider sind ganz ruhig. Du fühlst, dass deine Stirn ganz entspannt und glatt ist.
Du bist jetzt federleicht geworden, schwebst durch die Wolken und kannst dich an einen wunderschönen Ort begeben, z. B. eine blühende Blumenwiese oder einen Ort, an dem du jetzt am liebsten sein möchtest.

Eine längere Pause machen.

Dir geht es jetzt sehr gut, du bist ganz ruhig geworden und wenn du wieder Lust hast, zurückzukommen von deiner Reise, dann kannst du das jetzt machen. Du öffnest langsam deine Augen und setzt dich auf, wann immer du willst.

Nun können die Kinder nach Wunsch berichten, wie ihnen diese Geschichte gefallen hat.

10 Meine Füße

SACHGESPRÄCH MIT KREATIVAKTION

ALTER ab 3 Jahren

ZIELE die Schuhgröße kennenlernen, Konzentration, Merkfähigkeit, Zahlenverständnis

MATERIAL Schuhe der Kinder, DIN A4-Blatt, Bleistift, Buntstifte

Vielen Kindern ist nicht bewusst, dass sie nicht nur unterschiedlich groß sind, sondern dass sie auch unterschiedlich große Füße haben. Dass Schuhe nach Größen gekauft werden, haben sie dagegen bestimmt schon erlebt. Bei diesem Angebot erfahren die Kinder ihre „Schuhgröße". Beim Untersuchen von Schuhen finden sie heraus, dass die Schuhe mit Zahlen (der Schuhgröße) versehen sind und warum es so wichtig ist, die richtige Größe zu kaufen.

Kommen Sie mit den Kindern zu einem Kreis zusammen und bitten Sie alle Kinder, ihre Hausschuhe auszuziehen und in die Mitte zu legen. Ein Kind übernimmt das „Mischen" der Schuhe.

Der Pariser Stich oder die Schuhgröße

Die Schuhgröße ist als die Größe bekannt, die eine Angabe über die Länge eines Fußes abgibt. Es gibt verschiedene Schuhgrößensysteme. Die traditionelle deutsche Schuhgröße wird berechnet, indem man die Länge des Fußes in Zentimetern misst, 1,5 cm als Passform dazu addiert und dann mal 1,5 nimmt. Beispiel:
Der Fuß ist (20 cm lang + 1,5 cm) × 1,5 = 32,35.
Diese Zahl wird aufgerundet auf die Schuhgröße 33. Diese Berechnung heißt „Pariser Stich" und wurde zu Zeiten der Französischen Revolution das erste Mal benutzt. In anderen Ländern werden Schuhgrößen ganz anders berechnet.

Bestimmen Sie ein Kind, das beginnen darf, sich ein paar Schuhe auszusuchen und sie seinem richtigen Besitzer wiederzugeben. Ist die Zuordnung richtig, ist nun der Besitzer des Schuhs als Nächstes an der Reihe. Fahren Sie so lange fort, bis alle Schuhe wieder bei ihrem richtigen Besitzer sind.

Damit ist unser Spiel aber noch nicht zu Ende. Fragen Sie die Kinder, wie sie herausfinden konnten, zu wem die Schuhe gehören, und ob sie es vielleicht an der Größe erkennen konnten. Stellen Sie mit den Kindern fest, dass es verschieden große Schuhe gibt. Das können die Kinder selbst feststellen, wenn sie fremde Schuhe anprobieren.
Beginnen Sie damit, eine Reihenfolge mit den Schuhen zu bilden. Hierzu nehmen die Kinder die Schuhe auch in die Hand und halten sie Sohle an Sohle. Nun ordnen die Kinder die Schuhe der Größe nach an. Manche Schuhe sind auch gleich groß. Ist dieses Sortieren schwierig für die Kinder?
Lassen Sie die Schuhe in der Reihe stehen. Jedes Kind pickt sich einen seiner eigenen Schuhe heraus und sucht die Größenangabe. Bei den meisten Kinderschuhen steht sie unten auf der Sohle. Lassen Sie sich die Zahlen nennen oder lesen Sie sie gemeinsam.
Sortieren Sie noch einmal die Schuhe anhand der Größenangaben. Vergleichen Sie die beiden Reihen mit den Kindern.
Stellen Sie mit den Kindern fest, dass zum eigenen Ich auch die Größe der Füße gehört. Bevor die Kinder die Schuhe wieder anziehen, nimmt jedes Kind sich ein Blatt und stellt einen Hausschuh darauf. Mit einem Stift wird der Schuh umfahren. Die älteren Kinder schreiben ihre Schuhgröße selbst auf. Bei den Jüngeren übernehmen Sie diese Aufgabe.

11 Das bin ja auch ich!

SACHGESPRÄCH

ALTER ab 4 Jahren

ZIELE erkennen, dass sich Menschen verändern

MATERIAL Babyfotos der Kinder, Bleistift

Dass wir Menschen uns verändern und älter werden, wird uns meist dann bewusst, wenn wir Bilder ansehen. Auch für Kinder ist das faszinierend. Beim Betrachten ihrer Babyfotos merken sie auch, wie groß sie inzwischen schon sind – ein Stärkeerlebnis, das sie hier noch einmal spielerisch vertiefen.

Bitten Sie die Eltern, ihren Kindern ein Babyfoto mitzugeben. Schreiben Sie mit Bleistift den Namen des jeweiligen Kindes auf die Rückseite. Machen Sie von jedem Kind ein Ganzkörperfoto und drucken Sie es aus.

Im Sitzkreis legen Sie alle Fotos in die Mitte. Die Kinder können sie in Ruhe betrachten. Ganz bestimmt kommen spontane Äußerungen wie: „Das bin ja ich!" Alle Kinder suchen sich ihr Babyfoto und nehmen es in die Hand.
Klären Sie mit den Kindern z. B. folgende Fragen:

- Was hat sich an dir verändert?
- Welche Ähnlichkeiten gibt es zwischen dem Bild und heute?

Dazu können die Kinder jetzt auch die aktuellen Ganzkörperfotos den Babyfotos gegenüberstellen.
Stellen Sie den Kindern noch eine letzte Frage: „Werdet ihr euch noch weiter verändern?"
Die Kinder werden feststellen, dass auch sie irgendwann erwachsen sein werden.
Hängen Sie die Bilder nebeneinander auf, damit die Kinder immer wieder die Bilder betrachten können.

12 Was brauche ich?

SACHGESPRÄCH MIT KREATIVAKTION

ALTER ab 5 Jahren

ZIELE Grundbedürfnisse des Menschen erkennen

MATERIAL Wäscheleine, Malpapier DIN A5, Stifte, Wäscheklammern

Jeder Mensch hat Grundbedürfnisse wie Essen, Trinken und auch Kleidung. Doch wir füllen unser Leben noch mit anderen Dingen, die wir nicht unbedingt brauchen. Dieses Angebot verdeutlicht diesen Unterschied.

Hängen Sie zwei Wäscheleinen auf und legen Sie die Klammern bereit.
Kommen Sie mit den Kindern zu einem Sitzkreis zusammen und fragen Sie die Kinder, welche Dinge ein Mensch unbedingt braucht und welche Dinge ihnen persönlich sehr wichtig sind, wie Essen, Trinken, verschiedene Spielzeuge, unterschiedliche Medien, ein Bett … Geben Sie keine Wertung dazu ab.
Die Kinder können jeweils eine Sache malen, von der sie finden, dass sie wichtig ist. Dann hängen die Kinder ihre Bilder mit den Wäscheklammern an den Leinen auf. Hier können Sie nun gemeinsam Platz nehmen und philosophieren:

- Haben wir eher ähnliche oder sehr unterschiedliche Dinge gesammelt?
- Welche Dinge sind für alle Kinder wichtig ohne Ausnahme?
- Welche Dinge brauchen wir jeden Tag?
- Auf welche Dinge könnte man oder könnte jedes Kind für sich am ehesten verzichten?

Im Laufe des Gesprächs können die Kinder die Dinge, die nicht allzu wichtig sind und vielleicht eher als Luxus, als Einzel- oder Sonderwunsch betrachtet werden könnten, abnehmen oder umordnen. Am Ende sollten zwei unterschiedliche Wäscheleinen entstehen – eine mit Luxusgütern und die andere mit Dingen, die zu den Grundbedürfnissen zählen.

13 So wohne ich!

SACHGESPRÄCH MIT KREATIVAKTION

ALTER ab 4 Jahren

ZIELE Wohnformen kennenlernen, Sprache

MATERIAL Buntstifte, Bild von den Familienmitgliedern, Schere, Kleber

Das häusliche Umfeld, das eigene Zimmer und das eigene Bett: All das gehört auch zum eigenen Ich. Viele Kinder erzählen gerne von ihrem Zuhause, besonders wenn es ein Lieblingsmöbelstück gibt. Noch toller ist es, wenn sie das für die anderen Kinder auch illustrieren können – so wie in dieser Idee.

Kommen Sie mit den Kindern zu einem Sitzkreis zusammen und regen Sie ein Gespräch über das Zuhause der Kinder an. Dabei können folgende Fragen helfen:

- Wo wohnst du?
- Gefällt dir dein Zuhause?
- Hast du ein eigenes Zimmer?
- Wer wohnt noch bei dir?
- Welche Räume gibt es in eurer Wohnung oder in eurem Haus?
- Beschreibe dein Zimmer, welche Möbel gibt es darin?

Nach dem Gesprächskreis können die Kinder ihre Zimmer aufmalen. Wie man das am besten macht? In der Fachsprache nennt man das Grundriss: Dazu stellen sich die Kinder vor, dass sie von oben, quasi von der Decke herab in ihr Zimmer blicken. Was gibt es dort alles zu sehen? Im Anschluss an die Malrunde kann jedes Kind sein Bild beschreiben und somit sein Zimmer vorstellen.

2

ICH UND MEINE GEFÜHLE

Gefühle begleiten uns – bewusst oder unbewusst – bei allem, was wir tun. Sie sind manchmal nur ganz wenig zu bemerken, aber manchmal entwickeln wir auch starke Gefühle, positiver oder negativer Art. In diesem Kapitel werfen die Kinder einen Blick auf diese Gefühle, auf ihre eigenen und auch auf die Gefühle der anderen.

14 Was ist ein Gefühl?

SACHGESPRÄCH MIT KREATIVAKTION

ALTER ab 3 Jahren

ZIELE Gefühle kennenlernen, Gefühle ausdrücken

MATERIAL Farbstifte, Blätter DIN A5, Tonkarton DIN A2, Kleber

Um in das Thema „Gefühle" einzusteigen, ist es wichtig zu wissen, welche Gefühle die Kinder schon kennen. Können sie Gefühle erkennen, benennen und auch ausdrücken?

In einer Gesprächsrunde über Gefühle können Sie beispielsweise einmal gemeinsam darüber nachdenken, was denn eigentlich ein Gefühl ist. Welche Gefühle kennen die Kinder? Kennen sie gute und auch unangenehme Gefühle? Können sich die Kinder erinnern, wann oder in welcher Situation sie einmal richtig wütend, ängstlich, fröhlich oder entspannt waren? Immer ein Kind kann sich ein Gefühl aussuchen und einen passenden Gesichtsausdruck aufsetzen. Können die anderen Kinder im Kreis das Gefühl erraten? Wie würden sie es darstellen?

Durch gezielte Fragen können Sie den Kindern beim Erinnern helfen:

- „Wenn dir jemand etwa wegnimmt, wie fühlst du dich dann?“
- „Wenn dir jemand etwas schenkt, wie fühlst du dich dann?“
- „Wenn du alleine bist, wie fühlst du dich dann?“

Als Smiley malen die Kinder die verschiedenen Gefühle auf ihre Malblätter. So können sie etwa folgende Gefühle illustrieren: fröhlich, ängstlich, wütend, glücklich, enttäuscht, traurig, überrascht, zornig, ärgerlich …
Wenn die Kinder diese Aufgabe beendet haben, sortieren Sie die Gesichter in gute/schöne und unangenehme Gefühle.
Teilen Sie mit den Kindern die Gefühle in diese beiden Kategorien ein. Dabei gehen Sie auf jedes einzelne nochmals mit einem oder mehreren Beispielen ein.
Zum Abschluss können Sie gemeinsam „Mein rechter, rechter Platz ist frei“ spielen. Dabei bauen Sie als Variation ein, dass das aufgerufene Kind fragt: „Wie soll ich kommen?“ Die Antwort, z. B. lachend, traurig, wütend, fröhlich, weinend, kann das Kind dann darstellen.

TIPP Zusätzlich können die Kinder auch die auf den Smileys dargestellten Gefühle mit dem eigenen Gesicht nachstellen und sich so fotografieren. Diese Fotos hängen die Kinder zu den „Smileys“, um jedes einzelne Gefühl realistischer darzustellen.

15 Collage der Gefühle

KREATIVAKTION

ALTER ab 4 Jahren

ZIELE Wahrnehmung, Feinmotorik

MATERIAL Zeitschriften, Schere, Kleber, 2 Plakate DIN A3

Wenn wir Zeitschriften betrachten, erkennen wir Gesichter, die uns verschiedene Ausdrücke zeigen.

Kommen Sie mit den Kindern an einem Tisch zusammen und erinnern Sie sie an das vorangegangene Angebot, wo sie Gefühle kennengelernt haben, die sie mit ihren Gesichtern nachgestellt und ausgedrückt hatten. Erinnern sich die Kinder daran? Die Kinder können nun durch die Zeitschriften blättern und nach solchen Gesichtsausdrücken Ausschau halten. Wer findet ein Gesicht, das er den anderen zeigen will?

Nacheinander zeigen die Kinder ein Gesicht aus einer der Zeitschriften und fantasieren oder benennen, was dieser Gesichtsausdruck für sie ausdrückt. Die anderen bestätigen die Aussage oder treffen eine andere, weil sie mit der gezeigten Mimik vielleicht etwas anderes verbinden. Die Gesichter können die Kinder im Anschluss auch ausschneiden. Legen Sie nun die zwei Plakate dazu. Auf eines malen die Kinder ein lachendes und auf das andere ein weinendes Smiley. Diese stellen positive/fröhliche und negative Gefühle dar. Die ausgeschnittenen Bilder sortieren die Kinder passend ein. Nach Wunsch können die Kinder noch mehr Fotos ausschneiden und dazulegen. Bevor die Bilder aufgeklebt werden, tauschen sich alle noch einmal über die Zuordnung aus. Hier kann es sein, dass ein drittes Plakat entsteht, mit Gesichtsausdrücken, bei denen die Kinder vielleicht kein genaues Gefühl erkennen können.

Hängen Sie die Plakate im Gruppenraum auf.

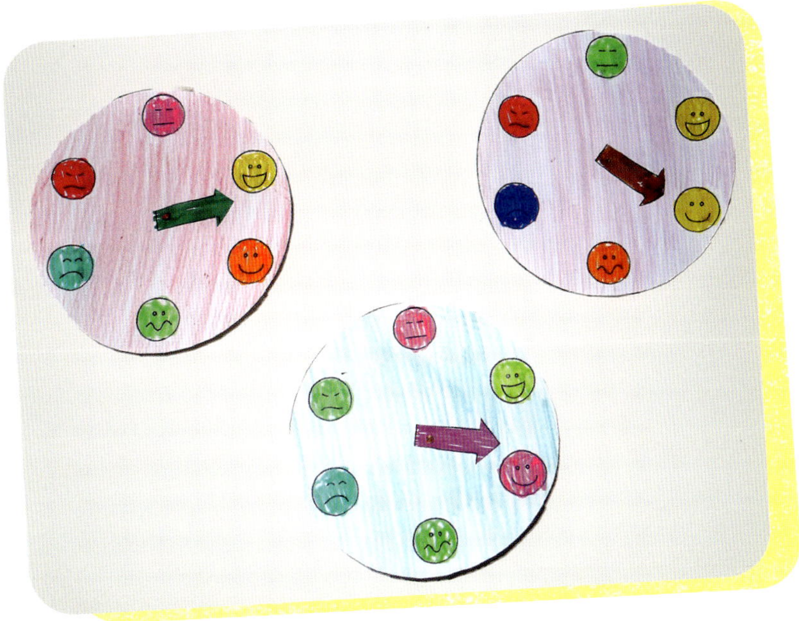

16 Gefühlsbarometer

KREATIVAKTION

ALTER ab 3 Jahren

ZIELE Feinmotorik, Gefühle wahrnehmen

MATERIAL Kopiervorlage „Gefühlsbarometer“, Tonkarton, Farbstifte, Musterklammer, Schere, Kleber

Lustig, traurig, fröhlich, wütend: Stimmungen und Gefühle können sehr widersprüchlich sein. Wie ein Barometer, das das Wetter per Luftdruck anzeigt, können sich die Kinder hier einen „Druckmesser“ für ihre eigene momentane Stimmung gestalten.

Kopieren Sie für jedes Kind die Vorlage. Von einer Kopie schneiden Sie alle Smileys aus. Die Smileys breiten Sie auf dem Tisch aus. Die Kinder können die Smileys betrachten, herumgeben und jeweils die passenden Gesichtsausdrücke nachstellen. Benennen Sie gemeinsam noch einmal die dargestellten Gefühle.

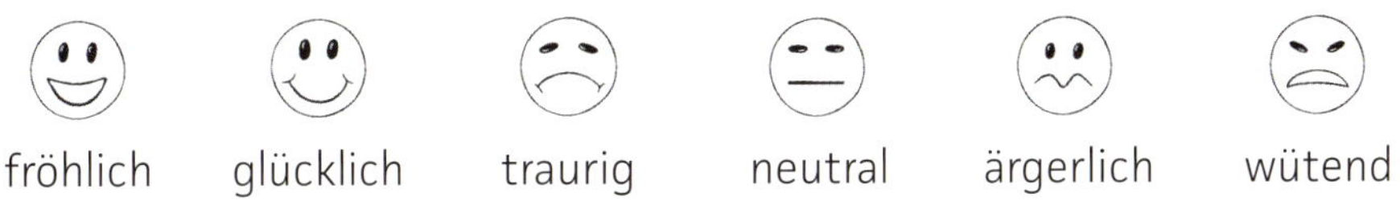

Jetzt kann sich jedes Kind eine Kopiervorlage schnappen und die Smileys in Farben anmalen, die für das Kind das jeweilige Gefühl am besten wiedergeben. Welche Farbe hat beispielsweise die Wut für die Kinder? Welche Farbe ist fröhlich, welche eher nicht? Anschließend schneiden die Kinder die Smileys aus.

Haben die Kinder Lust, sich eine Gefühlsuhr zu gestalten? Dazu schneiden die Kinder eine Scheibe aus einem Stück Tonkarton aus (alternativ eignet sich auch ein Pappteller). Auch einen Pfeil oder Zeiger schneiden die Kinder aus. Die Smileys ordnen die Kinder nach eigenen Ideen auf der Scheibe an. Im Mittelpunkt der Scheibe bohren Sie für die Kinder ein Loch. Auch der Pfeil bekommt ein Loch. Als Zeiger können die Kinder ihn nun mit der Musterbeutelklammer an der „Uhr" befestigen. Fertig ist eine Uhr oder auch ein Gefühlsbarometer!
Nun können Sie die Gefühlsbarometer mit dem Namen oder mit einem Bild des Kindes versehen und für die Kinder gut zugänglich im Raum aufhängen. Dieses Gefühlsbarometer kann jetzt fester Bestandteil eines Morgenkreises oder einer Kinderkonferenz werden. Kinder, die mögen, können die Scheibe für sich einstellen und kurz erzählen, welches Gefühl sie in sich spüren und warum. Auf diese Weise lernen die Kinder schnell, über ihre Gefühle zu sprechen.

17 Ein listiger Streich

MITMACHGESCHICHTE MIT KREATIVAKTION

ALTER ab 4 Jahren

ZIELE Empathie entwickeln, Gefühle erkennen

MATERIAL Malpapier, Fingerfarben, Holzspieße, Schere, Kleber, schwarzer Filzstift

Beim Geschichtenanhören entwickeln Kinder ihr Empathieverständnis weiter, indem sie sich in die Personen und Handlungen hineinversetzen. Aber nicht jedem Kind fällt das leicht. Mit dieser kleinen Geschichte, die die Kinder mit selbst gestalteten Stabpuppen begleiten, können sie es trainieren.

Gestalten Sie mit jedem Kind vier Handabdrücke mit den Fingerfarben auf ein weißes Papier. Nach dem Trocknen verstärken Sie die Hände, indem Sie sie auf Tonkarton kleben. Die Kinder schneiden alle Hände aus und malen auf den Handballen ein lachendes, ein trauriges, ein ängstliches und ein wütendes Gesicht. Befestigen Sie die „Gefühlshände" an einem Schaschlikspieß. Wenn Sie die Hände laminieren, entfällt das Aufkleben auf den Karton.

Kommen Sie mit den Kindern zu einem Sitzkreis zusammen und die Kinder legen ihre vier „Handabdrücke" vor sich ab.
Heute können die Kinder eine Geschichte anhören, die Sie gleich erzählen werden. Aber die Kinder können bei der Geschichte auch aktiv mitmachen: Durch Anheben der verschiedenen Hände können die Kinder immer anzeigen, welches Gefühl in der Geschichte gerade vorkommt.
Als Proberunde vor Beginn der Geschichte geben Sie die verschiedenen Gefühle einmal vor und die Kinder machen das passende Gesicht und halten probehalber ihre „Hände" hoch: ängstlich – freudig – wütend – traurig.

Geschichte

Als der Hase Hasi heute aus dem Kindergarten kommt, ist er sehr **wütend**.
Warum muss ihn Moppel vom Hasenbau nebenan immer ärgern?! Dieser unmögliche Kerl. Wenn er nur daran denkt, wird Hasi noch **wütender**.
Immerzu erzählt Moppel gruselige Geschichten von einem listigen, gefräßigen Wolf. Im Wald hinter dem Hasenbau soll dieser wohnen. Hasi schlackern immer die Ohren, wenn er daran denkt, denn vor dem Wolf hat er richtig große **Angst**.
Am nächsten Morgen macht sich Hasi wieder auf den Weg zum Kindergarten und denkt dabei nur an den Wolf. Wenn dieser ihm nun über den Weg laufen sollte …
Ängstlich schaut er sich immer wieder um und geht etwas schneller. Zum Glück kommt seine Freundin Lena gerade um die Ecke und begrüßt ihn **freudig**. Hasi atmet auf und hat jetzt keine **Angst** mehr.
Zu zweit gehen sie **fröhlich** den Weg entlang und unterwegs erzählt Hasi seiner Freundin von Moppels gruseligen Wolfgeschichten.
„Dieser gemeine Moppel", sagt Lena **wütend**. „Dem müssen wir einmal einen Streich spielen, damit er keine solchen Geschichten mehr erzählt!"
Hasi nickt und schon hat Lena eine Idee. Sie flüstert Hasi diese ins Ohr, damit niemand hört, was die beiden da aushecken.

Am nächsten Morgen treffen sich die beiden Hasen eine halbe Stunde früher. Denn ihr Streich muss natürlich vorbereitet sein. Lena hat eine riesige Tasche mit einem Kostüm dabei und als Hasi in die Tasche sieht, **freut** er sich tierisch.
Die beiden müssen sich beeilen, damit sie fertig sind, bis sich Moppel auf den Weg zum Kindergarten macht. Sie ziehen das Kostüm an und legen sich vor Moppels Hasenbau auf die Lauer. Als Moppel mit seiner Möhrentasche aus dem Bau hoppelt, ahnt er nichts. Mit einem **fröhlichen** Gesicht geht Moppel den Weg entlang, als er eine tiefe Stimme hinter sich hört. „Na, du leckerer kleiner Hase?!"
Moppel läuft es eiskalt den Rücken hinab und **ängstlich** dreht er sich um. „Oh nein", murmelt Moppel, als er erkennt, wer ihn da anspricht. Ihm wackeln die Hasenbeine. Ein riesiger Wolf steht da, direkt vor ihm.
„Bitte friss mich nicht, ich bin doch noch so klein", sagt Moppel **ängstlich** zu dem Wolf und riesengroße Hasentränen kullern aus seinen Augen.
Da ziehen sich Hasi und Lena das gebastelte Wolfskostüm vom Kopf. Sie wollten Moppel doch nur erschrecken – dass er weinen muss, das wollten sie nicht. Die beiden werden darüber sehr **traurig**. Schnell laufen Hasi und Lena zu Moppel und sagen: „Es tut uns leid, Moppel", und Moppel sieht die beiden ungläubig an. Er erkennt, dass alles nur ein Scherz ist, und atmet erleichtert auf. Er kann sogar etwas lächeln und dann lachen alle drei **fröhlich** auf. Sie lachen so sehr, dass ihnen allen die Tränen kommen, doch dieses Mal vor Lachen.
Als sich die drei wieder beruhigt haben, versprechen Hasi und Lena dem Hasen Moppel, ihn nie mehr so zu erschrecken. Und Moppel verspricht Hasi und Lena, nie wieder so gruselige Geschichten vom Wolf zu erzählen. Die drei geben sich die Hand und freuen sich, dass sie wieder beste Freunde sind.

TIPP Im Anschluss an die Geschichte fällt den Kindern vielleicht noch eine weitere Geschichte rund um Gefühle ein. Dann erzählt jeweils ein Kind seine Geschichte, während die anderen wieder ihre „Handzeichen" geben.

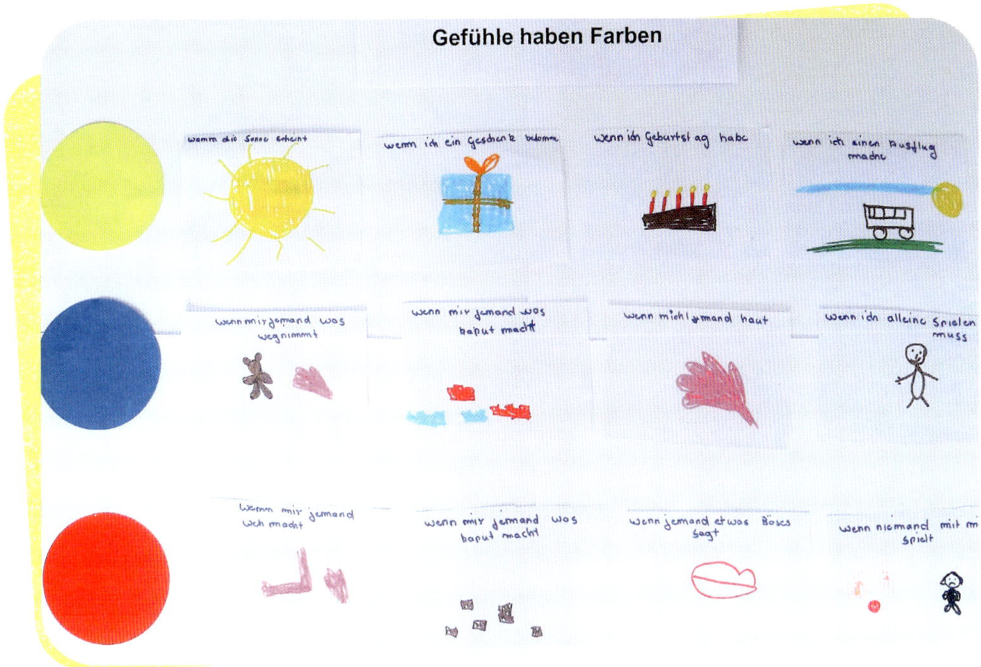

18 Welche Farben haben Gefühle?

SACHGESPRÄCH MIT KREATIVAKTION

ALTER ab 4 Jahren

ZIELE Kommunikation, Wirkung von Farben erkennen

MATERIAL Tonpapier in drei Farben, z. B. Rot, Gelb, Blau, drei DIN A3-Kartons, Farbstifte

Die Kinder erleben, dass Farben Stimmungen und Gefühle ausdrücken können und somit Mittel zur nonverbalen Verständigung untereinander darstellen. Dabei gibt es kein richtig oder falsch. Aber welche Farbe passt zu welchem Gefühl? Auch das kann ganz unterschiedlich sein

Schneiden Sie aus dem Tonpapier Farbkarten (etwa 10 x 5 cm) in Rot, Gelb und Blau für jedes am Angebot teilnehmende Kind zu. Alternativ können Sie Blätter vom Faltpapier nutzen.

Kommen Sie mit den Kindern zu einem Sitzkreis zusammen und jedes erhält einen Satz an Farbkärtchen. Erklären Sie den Kindern, was jetzt auf sie zukommt, dass Sie nun Sätze vorlesen, die verschiedene Gefühle und Stimmungen ausdrücken. Die Aufgabe der Kinder ist es, zu jedem Satz entsprechende Farbkärtchen auszuwählen und vor sich hinzulegen.
Sätze wären z. B.:

- „Ich freue mich so sehr, denn heute ist mein Geburtstag!“
- „Ich bin traurig, weil ich keine Schokolade essen darf.“
- „Ich bin wütend, weil mein Bruder mich geärgert hat.“

Können die Kinder am Ende der Übung die Gefühle anhand ihrer Farbkärtchen noch einmal benennen? Haben alle Kinder die gleichen Farben verwendet oder gibt es Unterschiede?

Um die Übung noch zu vertiefen, können die Kinder nun kleine Szenen und Situationen malen, die sie mit den jeweiligen Gefühlen in Verbindung bringen. Gestalten Sie doch hierzu gemeinsam ein Plakat.
Legen Sie die DIN A3-Kartons in die Mitte. Fragen Sie die Kinder, welche Farbe sie mit Wut, Traurig- oder Fröhlichsein verbinden. Kleben Sie jeweils ein Farbkärtchen in der entsprechenden Farbe auf den Karton.
Die Kinder dürfen nun auf kleinen Blättern Situationen zu einer oder zu allen gewählten Emotionen malen, z. B.: Wann bin ich fröhlich? – Wenn die Sonne scheint! Wann bin ich traurig? – Wenn ich alleine spielen muss! …
Anschließend stellen die Kinder ihre jeweiligen Bilder vor und kleben sie in die passende Spalte. Dadurch erfahren die Kinder mehr über die eigenen Gefühle und lernen, Stimmungen und Gefühle anderer einzuschätzen und mit diesen umzugehen.

19 Stimmungsbilder

KREATIVAKTION

ALTER ab 4 Jahren

ZIELE Gefühle ausdrücken, Kreativität, Fantasie

MATERIAL große Malblätter DIN A3, Wasserfarben, Becher, Wasser, Pinsel, CD-Spieler, Entspannungsmusik, Zeitungen oder Wachstischdecken

Kindern – und auch Erwachsenen – fällt es oft schwer, Gefühle in Worte zu fassen. Beim freien Malen eines persönlichen Stimmungsbildes geht das leichter: Hier übernehmen die Farben für uns die Funktion des Einordnens.

Decken Sie den Boden großzügig mit Zeitungen oder Wachstischdecken ab. Stellen Sie die Farben und Pinsel bereit und schalten Sie schon die Entspannungsmusik ein.
Jedes Kind sucht sich ein Malblatt und einen Platz auf dem Boden aus. Geben Sie an die Kinder die Aufgabe weiter,

ein Stimmungsbild zu malen: Sie dürfen mit den Farben ausdrücken, wie sie sich jetzt gerade fühlen. Dabei sollten die Kinder möglichst nicht zu viel reden, sondern sich auf die Malaktion konzentrieren.
Die Kinder dürfen beim Malen alle Farben nach Wunsch miteinander mischen und nach Belieben auftragen. Geben Sie kein Zeitlimit vor und lassen Sie die Kinder einfach drauflosmalen.
Wenn die Kinder ihr Bild beendet haben, lassen Sie alle Bilder gut trocknen
Erst danach besprechen Sie im Kreis gemeinsam die Kunstwerke. Wer mag, darf erzählen, welche Stimmung sein Bild ausdrückt, und Sie können es nach Wunsch für die Kinder dazuschreiben. Fragen Sie die Kinder bewusst, ob Sie die Bilder aufhängen dürfen, da es sich um sehr persönliche Bilder handelt.

20 Fröhlich sein steckt an

KLANGGESCHICHTE

ALTER ab 3 Jahren

ZIELE Instrumentenkunde, Konzentration, Merkfähigkeit

MATERIAL Triangel, Klangstäbe, Rassel, Glöckchen, Trommel, Ratsche

Fröhlichkeit oder gute Laune kann anstecken. Denn wenn wir jemandem begegnen, der gute Laune verbreitet, geht es uns auch gleich viel besser.

Stellen Sie die Instrumente bereit und kommen Sie mit den Kindern zu einem Sitzkreis zusammen. Lesen Sie ihnen nun die Geschichte vor.

Geschichte

In einem Keller liegen und stehen viele Instrumente. Jemand hat sie dort eingeräumt und anschließend vergessen. Schon lange hat niemand mehr auf ihnen gespielt und das macht die Instrumente traurig. In einer dunklen Nacht will die Triangel nicht mehr traurig sein, denn sie erinnert sich an die schöne Zeit, als jemand mit ihr gespielt hat. Damals war sie immer so fröhlich. Und ihre Fröhlichkeit klang wie ein lustiges *Ping, ping, ping.*
So nimmt sich die Triangel ihren Schlegel und beginnt. *Ping, ping, ping.*
Sie kann gar nicht mehr aufhören, so schön ist es, endlich wieder zu spielen.
Neben ihr erwacht die Trommel und die Triangel fordert sie auf: „Mach doch mit!“ Und die Trommel macht *ho, ho, ho.*
Das ist so schön und so lustig, dass auch die anderen Instrumente mit einstimmen.
So machen die Klangstäbe *ha, ha, ha.* Das Glöckchen kling, kling, kling und die Rassel *rasi, rasi, rasi.* Die Ratsche macht *ritschi, ratschi.*

Das ist so lustig und zuerst kichern die Instrumente ihre Töne ganz leise vor sich hin. Dann wird daraus ein fröhliches Lachen. Der ganze Keller ist erfüllt von diesem fröhlichen Lachen der Instrumente.
Sie kommen erst zur Ruhe, als die Sonne am Morgen aufgeht und glücklich schweigen die Instrumente. Doch sie wissen, sie werden wieder gemeinsam fröhlich sein, denn fröhlich sein macht glücklich.

Sprechen Sie mit den Kindern die Geschichte durch.

- Welche Instrumente kommen darin vor?
- Warum waren diese zuerst traurig?
- Wann wurden sie fröhlich?
- Wann wurde aus dem Kichern ein Lachen?
- Warum war das Lachen so schön?
- Wann könnt ihr lachen?
- Wie fühlt man sich, wenn man lachen kann?
- Wer von euch hat schon erlebt, dass, wenn jemand fröhlich ist, auch ihr fröhlich werdet?

Holen Sie die Instrumente in den Kreis. Können die Kinder die Instrumente benennen? Wissen sie, wie auf ihnen gespielt wird? Nun setzen die Kinder die Geschichte mit Klanguntermalung durch die Instrumente um, so beginnt die Triangel mit ihrem fröhlichen *Ping, ping*.
Lassen Sie die Kinder dazu sprechen. Sie können sich auch eine andere Reihenfolge überlegen, z. B. fängt ein anderes Instrument an und die weiteren stimmen ein. Und natürlich können die Kinder die Geschichte auch anders, neu und mit eigenen Ideen nacherzählen.

TIPP Bevor Sie den Sitzkreis beenden, sprechen Sie mit den Kindern, wie sie sich gefühlt haben, als sie ihr Instrument gespielt haben, und ob das Fröhlichsein, das von den Instrumenten ausging, auch sie fröhlich gemacht hat.

21 Grrr, ich bin so wütend!

GESCHICHTE

ALTER ab 4 Jahren
ZIELE Sensibilität, Konfliktbewältigung
MATERIAL Sitzkissen

Wut ist wichtig und manchmal tut sie uns gut. Manchmal kann sie aber auch schaden. Andere erschrecken vielleicht vor unserer Wut. Können die Kinder erkennen, wie es Jule, ihrer Familie und ihren Freunden in der folgenden Geschichte wohl geht?

Geschichte

Heute ist kein guter Tag für Jule, es funktioniert nichts und alles geht schief. Schon als sie ihre Füße aus dem Bett hebt und auf den Boden stellt, passiert das erste Malheur – sie tritt auf einen ihrer Bausteine.

Das tut weh, doch sie kann niemandem die Schuld geben, denn ihre Mama hatte zu ihr am Abend noch gesagt: „Räum auf!" Aber Jule ist lieber auf ihrem Bett herumgehüpft.

Schon etwas wütend und mit leicht schlechter Laune zieht sich Jule ihren Lieblingspulli an und stapft ins Bad, um sich die Zähne zu putzen.

Oje, die Zahnpasta fällt von der Zahnbürste direkt auf ihren Lieblingspulli. Jetzt ist sie richtig wütend.

Also noch einmal umziehen. So sitzt Jule mit schlechter Laune am Frühstückstisch und ihre Mutter kann ihr gar nichts recht machen. Das Brot ist zu dick, hat zu wenig Butter und die Marmelade ist nicht süß genug. Nachdem sie das Frühstück beendet hat, zieht sie die Schuhe an und läuft lustlos im Flur hin und her. Sie wartet auf ihren Freund Nico, der sie immer zum Kindergarten abholt.

Mit jeder Minute, die sie wartet, wird ihre Laune noch schlechter. Endlich kommt Nico. Fröhlich wie immer begrüßt er Jule: „Hallo! Hier bin ich!"

Jule, die ihren Freund sonst stürmisch begrüßt, bringt heute nur ein mürrisches „Hallo" heraus.

„Hey", wundert sich Nico, „was ist denn mit dir los?"

Aber Jule schaut ihn nur böse an.

„Komm", sagt Nico beschwichtigend, „lass uns zum Kindergarten gehen."

Den kurzen Weg zum Kindergarten legen sie schweigend zurück und im Kindergarten angekommen fragt Nico: „Was möchtest du spielen? Sollen wir in die Räuberhöhle?"

Jule stöhnt gelangweilt auf. „Neeee, immer dasselbe. Ist doch langweilig!"

Nico zieht die Stirn kraus und überlegte kurz. „Na gut. Dann gehen wir eben in die Bauecke."

Aber Jule ist überhaupt nicht begeistert. „Da waren wir doch auch schon so oft. Dazu hab ich gar keine Lust."

„Sag du doch mal, wozu du Lust hast!", entgegnet Nico.

Jule antwortet nicht.

„Dann bleib halt hier stehen, ich habe jetzt keine Lust mehr, mit dir etwas zu spielen."

„Du kannst ja woanders hingehen!", schreit Jule. „Ich hab heut eh keine Lust, mit dir zu spielen."

Nico ist nun auch sauer und sagt: „Dann spiel ich eben mit den anderen." Dabei dreht er sich auf der Stelle um und geht davon.
„Bilde dir ja nicht ein, dass ich noch mal mit dir spiele!", ruft Jule ihm nach. Dann setzt sie sich an den Maltisch, nimmt sich einen Stift und klopft mit diesem auf ihr Blatt.
Frau Hummel, die Erzieherin, bemerkt Jules Klopfen, geht zu ihr und fragt: „Was ist denn heute mit dir los? Warum spielst du nicht mit Nico, habt ihr euch gestritten?"
„Ach, der ist blöd", faucht Jule und zieht sich in eine Ecke zurück. Lange hält sie es dort aber nicht aus. Sie geht zu Frau Hummel und es beginnen dicke Kullertränen über ihr Gesicht zu laufen. Schluchzend erzählt sie der Erzieherin von dem Streit. „Und der blöde Nico ist an allem schuld", schluchzt sie zum Schluss.
Frau Hummel hört ihr geduldig zu. „Aber Jule, du kannst doch nicht nur Nico die Schuld an eurem Streit geben. Der hat deine Bausteine nicht im Zimmer verstreut und auch nicht die Zahnpasta auf deinen Pulli geschmiert. Das hast du ganz alleine gemacht. Zu einem Streit gehören immer zwei. Meinst du nicht, dass du mit deiner schlechten Laune auch dazu beigetragen hast?"
Jetzt ist Jule auch mit Frau Hummel böse: „Jetzt hältst du auch noch zu Nico. Dann gehe ich eben weg." Wütend schlägt Jule die Türe zu und setzt sich in die Garderobe im Flur.
So sitzt sie auf der Bank und denkt über den Tag nach. Langsam merkt Jule, dass sie ruhiger wird, und sie kann wieder ohne Wut an Nico denken. Vielleicht hat die Erzieherin ja doch recht. Und ihr fällt auf, wie langweilig es hier im Flur ist und wie schön es jetzt wäre, mit Nico zu spielen.
„Ich muss Nico suchen und mich bei ihm entschuldigen. Er kann ja nichts dafür, dass ich so schlechte Laune habe."
So öffnet Jule die Gruppentür und stößt mit Nico zusammen. Zuerst sind beide verlegen und wissen nicht so recht, was sie sagen sollen. „Ich wollte dich gerade suchen", beginnt Jule, „ich

bin heute Morgen wohl mit dem linken Fuß zuerst aufgestanden. Ich war richtig gemein zu dir. Bitte, sei mir nicht mehr böse, es tut mir so leid. Bleibst du trotzdem mein Freund?" Jule traut sich gar nicht, Nico anzuschauen.
„Na klar!", seufzt Nico erleichtert auf. „Weißt du, ich war richtig traurig nach unserem Streit. Ich hatte nicht mal Lust, mit den anderen zu spielen."
Beide sind froh und erleichtert, dass der Streit nun wieder vorbei ist.
„Und was machen wir nun?", fragte Nico.
„Ach", gibt Jule zu, „eigentlich hätte ich ja schon Lust, mit dir in die Räuberhöhle zu gehen."
„Na, dann los", sagt Nico. Sie fassen sich an den Händen und kriechen gemeinsam in die Räuberhöhle.

Sprechen Sie mit den Kindern über die Geschichte, indem Sie z. B. folgende Fragen stellen:

- „Wie beginnt Jules Tag?"
- „Ist es euch auch schon einmal passiert, dass alles Mögliche schiefgegangen ist?"
- „Habt ihr da auch schlechte Laune bekommen?"

22 Komm, wir spielen Gefühle!

TISCHTHEATER

ALTER ab 4 Jahren

ZIELE Kommunikation miteinander, Gefühle erkennen, freies Sprechen

MATERIAL Malpapier, Stifte, Laminierfolie und Gerät, Schere, Kleber, Holzspieße, Möbel aus einem Puppenhaus, Bauklötze, Perle/Kugel

Ein Puppenhaustheater ist eine tolle Spielaktion, um Gefühle nachzuerleben. Gerade Kinder, die Probleme damit haben, sich in andere hineinzuversetzen, können hier Gefühle und Stimmungen noch einmal intensiv nachspüren. Abgesehen davon macht das Puppenspiel aber bestimmt allen Kinder Riesenspaß, vor allem, wenn die Kinder sich die Puppenhausbühne nach eigenen Ideen einrichten können.

Bereiten Sie als Erstes die Spielfiguren vor: Jedes Kind soll am Ende eine Figur haben. Entweder gestalten die Kinder diese frei oder Sie malen ein Mädchen und einen Jungen vor, die dann ausgeschnitten und angemalt werden. Kleben Sie jeweils einen Schaschlikspieß an die Figuren, sodass der abgerundete Teil nach oben zeigt und die Kinder die Figuren daran führen können Decken Sie einen Tisch mit einem Tuch ab und richten mit den Kindern darauf die Spielfläche oder Puppenbühne ein. Hierfür eignen sich Möbel aus dem Puppenhaus oder Bauklötze aus der Bauecke. Lassen Sie dabei die Kinder entscheiden und mit viel Spaß eine Wohnung für die Spielpuppen ausdenken. Stellen Sie vor der „Bühne" einen Halbkreis aus Stühlen auf.

Hier nehmen die Kinder Platz. Sie selbst nehmen zu Beginn hinter der Bühne mit Gesicht zu den Kindern Aufstellung. Verstellen Sie Ihre Stimme und bewegen Sie die Figur, damit die Kinder erkennen, dass Sie die Figur sind und in eine Rolle schlüpfen.
Ein Kind darf nun zur Bühne kommen und Sie beginnen mit dessen Figur ein Gespräch, z. B. indem Sie fragen: „Was können wir gemeinsam spielen, hast du eine Idee? Ich hätte einen Ball im Angebot."
Es muss nicht der Ball sein, vielleicht hat das Kind eine Idee, die greifen Sie auf und holen das passende Spielzeug zum Tisch.
Beginnen Sie ein Streitgespräch und sagen: „Das ist jetzt mein Ball, du darfst nicht damit spielen. Ich will alleine spielen, du darfst nur zusehen."
Warten Sie auf eine Reaktion Ihres Mitspielers und beziehen Sie, wenn möglich, ein weiteres Kind mit seiner Spielfigur ein, das den Streitschlichter spielt.
Wechseln Sie nun zwischen der Rolle der Spielfigur und des Spielleiters und motivieren die zuschauenden Kinder, Vorschläge zu äußern, wie man diesen Streit schlichten könnte.
Spielen Sie die Ideen der Kinder nach. Beenden Sie diese Spielrunde, wenn sich die beiden „Figuren" wieder vertragen.

In der nächsten Runde können dann zwei andere Kinder ein Streitgespräch führen. Entweder geben Sie wieder ein Streitthema vor oder die Kinder liefern selbst Ideen. Auch hier unterstützen die zuschauenden Kinder das Streitgespräch mit Ideen und Lösungsansätzen. Achten Sie darauf, dass alle Kinder einmal in die Rolle der Streitenden und die des Streitschlichters schlüpfen. Lassen Sie bewusst auch andere Themen zu wie:
Angst – jemand mag nicht auf einen hohen Turm steigen
Traurig – jemand darf nicht mitspielen
Wütend – jemand wird geärgert
Freude – jemand schenkt jemandem etwas

Die Kinder können dieses Spiel nach Lust und Laune immer wieder spielen, auch ohne dass Sie sich selbst mit einbringen. Dazu können Sie den Spieltisch noch einige Tage lang im Gruppenraum stehen lassen, falls genügend Platz vorhanden ist.

23 Mein kleines, geheimes Helferlein

KREATIVAKTION

ALTER ab 4 Jahren

ZIELE Kennenlernen eines Rituals, Feinmotorik

MATERIAL Biegeplüsch oder Chenilledraht, Wolle, Schere, Kleber, Perlen, Knete, Alufolie

Auch Kinder haben manchmal Sorgen, Ängste und Nöte. Das kleine „Helferlein" soll für die Kinder eine Hilfe sein, dem sie Sorgen und Wünsche erzählen. Es kann sie in schwierigen Situationen begleiten und auch trösten. Die Kinder können es in ihrem Eigentumsfach oder in der Garderobe aufbewahren. Bei einem „Notfall" haben es die Kinder schnell zur Hand.

Gestalten Sie im Vorfeld ein „Püppchen", das Sie den Kindern als ihr kleines Helferlein vorstellen.

Setzen Sie sich mit den Kindern an einen Tisch. Stellen Sie den Kindern ihr Helferlein vor. Geben Sie preis, dass es ein Püppchen ist, das Sie begleitet, für Sie da ist, wenn Sie Sorgen oder Ängste haben. Sprechen Sie die Kinder darauf an, wann Sie ein solches Helferlein brauchen könnten.
Folgende Sätze können dabei genannt werden:

- „... wenn ich traurig bin."
- „... wenn ich mir wehgetan habe."
- „... wenn niemand mit mir spielen will."
- „... wenn ich mich ärgere."
- „... wenn ich wütend bin."

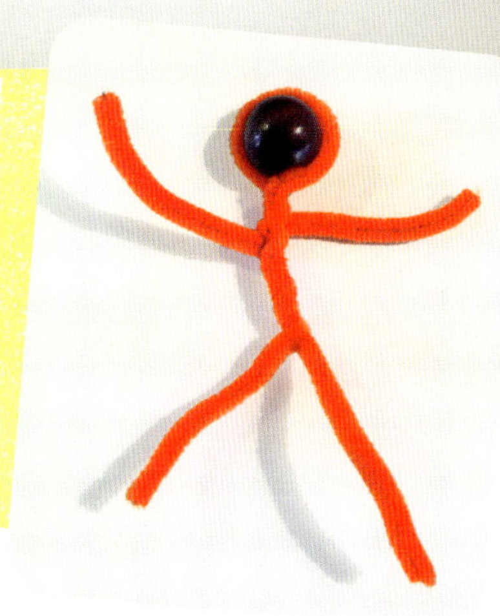

Die Kinder dürfen nach der Gesprächsrunde ihr eigenes Helferlein herstellen. Jedes Kind erhält dafür Chenilledraht oder ein Stück Biegeplüsch, den es in der Mitte zusammenbiegt. An der Biegung eine Schlaufe drehen und noch zwei- bis dreimal die beiden Enden zusammendrehen, sodass ein „Körper" entsteht.
Die Beine auseinanderbiegen. Jetzt einen halben Biegeplüsch als Arme kurz unter dem Kopf quer anknoten. In die Schlaufe (Kopf) eine Kugel/Perle geben. Die Kinder entscheiden, ob sie ihr Helferlein mit Wolle oder mit Alufolie umwickeln. Die Alufolie schneiden Sie dazu in Streifen von 1 cm Breite und 20 bis 30 cm Länge. Die Kinder umwickeln mit diesen Streifen die

Figur komplett. Damit die Figur stehen kann, bekommt sie einen Untersatz aus Knete. Dazu aus Knete zwei Kugeln formen und die Beine des Männchens hineindrücken. Auf den Tisch stellen und so lange das Männchen biegen und die Knete glatt drücken, bis es stehen kann. Die Kinder stellen ihr fertiges „Helferlein" der Gruppe vor und vielleicht geben sie ihrem kleinen Freund auch einen Namen.

TIPP Möglicherweise braucht das Helferlein auch ein Zuhause? Dazu können die Kinder einen Schuhkarton bunt bemalen oder bekleben. Im Schuhkarton entsteht dann vielleicht aus Stoffresten ein Bett für das Helferlein. Für die Helferlein-Heime sollten Sie einen gut erreichbaren Platz suchen. Auf diese Weise können sich die Kinder ihr „Helferlein" holen, wann immer sie es gerade brauchen.

24 Schminkwerkstatt

KREATIVAKTION

ALTER ab 4 Jahren

ZIELE Selbst- und Fremdwahrnehmung, Kreativität, Fantasie

MATERIAL Kinderschminke, Kosmetiktücher, Creme zum Abschminken, Spiegel, Fotoapparat

Gefühle kann man sich auch einfach aufschminken. Hier testen die Kinder den Effekt von Schminke einmal selbst.

Im Sitzkreis gehen Sie mit den Kindern noch einmal die Gefühle durch, die wir an unserem Gesicht erkennen können. Die Kinder dürfen mit ihren Gesichtern verschiedene Gefühlslagen ausdrücken. Möchten sich die Kinder ein Gefühlegesicht aufschminken? Wie könnte das aussehen?

Stellen Sie die Schminkutensilien bereit und lassen Sie die Kinder frei wählen, mit welchen Farben sie sich bemalen wollen. Die Kinder können sich auch gegenseitig schminken. So können für traurige Gesichter z. B. Tränen aufgemalt werden. Für lachende Gesichter den Mund verbreitern, für wütende Gesichter zusätzliche Zähne – je nach Ideen der Kinder.

Wenn alle fertig sind, kann jedes Kind nach Wunsch sein Gesicht der Runde vorstellen. Machen Sie ein Foto von den Schminkgesichtern, das Sie nach dem Ausdrucken mit dem Namen des Kindes beschriften.

TIPP Holen Sie vor Beginn dieser Aktion bei den Eltern die Erlaubnis ein, dass sich die Kinder schminken dürfen. Achten Sie auf eventuelle Allergien und halten Sie Materialien zum Abschminken bereit, die die empfindliche Kinderhaut nicht reizen.

25 Frau Blumenhaar

KREATIVAKTION

Alter: ab 4 Jahren

Ziele: Feinmotorik, Kreativität, Fantasie

Material: Einmach- oder Konservengläser mit 0,5 l Fassungsvermögen (Gurken-, Apfelmusgläser), buntes Papier, Papierreste, Schere, Klebestift, Kleister, Pinsel, Sprühlack

Frau Blumenhaar sieht immer wieder anders aus. Ihr Geheimnis? Durch die verschiedenen Blumen, die man in die Vase stellt, erhält sie immer wieder ein neues Gesicht.

Sammeln sie durch einen Aushang im Vorfeld gebrauchte Einmachgläser und entfernen Sie die Etiketten. Rühren Sie den Kleister nach der Anleitung an.
Am Maltisch oder im Atelier geht es weiter: Jedes Kind darf sich zunächst ein Glas aussuchen, das es mit Papier und Kleister komplett von außen beklebt. Dieses Papier soll der Untergrund für ein Gesicht sein. Überlegen Sie gemeinsam, welche Farben an Papier sich dazu am besten eignen. Durch das Bekleben sehen die Gläser nicht nur schöner aus, sondern sie werden auch stabiler und zerbrechen beim Hinfallen nicht sofort.

Nach dem Trocknen schneiden die Kinder frei und ohne Vorgaben Nasen, Augen und Münder für ihre Vasen aus und kleben die Einzelteile mit einem Klebestift auf. Wenn die Kinder ihr Gesicht fertiggestellt haben, können Sie alle Vasen komplett mit Sprühlack überziehen. So lösen sich keine Einzelteile mehr ab und das Wasser kann der Vase nicht so viel anhaben. Das Übersprühen sollte allerdings in Abwesenheit der Kinder und möglichst im Freien stattfinden.
Nun benötigen die Kinder nur noch einige Blumen, die sie beispielsweise auf einer Wiese pflücken können. Sie können auch einige Schnittblumen einkaufen. Dann einfach Wasser in die Vasen füllen und die Blumen hineinstellen.

3

ICH UND DIE ANDEREN

Die Kita ist ein Ort des sozialen Lernens. Hier haben Kinder wie nirgendwo sonst die Möglichkeit, sich soziale, emotionale und sprachliche Fähigkeiten anzueignen, die für das Miteinander so wichtig sind: jetzt, aber auch für ihr späteres Leben. Mit den folgenden Ideen, Spielen und Kreativaktionen können Sie die Kinder dabei begleiten.

26 Wir sortieren uns selbst

SACHGESPRÄCH MIT SORTIERSPASS

ALTER ab 3 Jahren

ZIELE Erkennen von Merkmalen, Zählen üben, Sprache

MATERIAL Plakat, Lineal, Buntstifte

Die Vermessung der Kitagruppe: Ganz wie im Buch „Die Vermessung der Welt" kann es Spaß machen, die Kitagruppe einmal ganz genau unter die Lupe zu nehmen und in Zahlen und einer Tabelle auszudrücken. Natürlich zählt auch hier jedes einzelne Kind mit seinen Besonderheiten, aber bei dieser Aktion dreht sich ausnahmsweise einmal alles darum, wie man die Gruppe in Zahlen, Symbolen und Ziffern ausdrücken kann, wenn man sie sortiert. Hierbei lernen die Kinder ihre Gruppe nicht nur ganz neu kennen, sondern sie spielen nebenbei auch mit mathematischen Grunderfahrungen, denn hier geht es, ohne dass die Kinder es bemerken, auch um Mengen, Schnittmengen, um Statistik und logisches Verständnis.

Bereiten Sie ein großes Plakat mit einer Tabelle vor: Für jedes teilnehmende Kind machen Sie eine Spalte. Die Anzahl der Zeilen beträgt so viele, wie Sie Sortierkriterien auswählen. Beispiel:

	Kind 1 (z. B. Tim)	Kind 2 (z. B. Emma)	Kind 3 (z. B. Max)
Heute anwesend	✗	✗	✗
Mädchen		✗	
Junge	✗		✗
3 Jahre			
4 Jahre	✗		
5 Jahre		✗	
6 Jahre			✗
Haarfarbe blond	✗		
Haarfarbe braun		✗	
…			✗

Kommen Sie mit den Kindern in einem Kreis zusammen und singen Sie ein Begrüßungslied. Am besten eines, bei dem alle Kinder namentlich einmal erwähnt werden.
Wiederholen Sie, dass sie sich jetzt alle mit diesem Lied begrüßt haben, doch wie viel sind denn alle?
Lassen Sie erst die Kinder für sich zählen und hören Sie sich die Ergebnisse an. Danach bestimmen Sie ein Kind, das die Ergebnisse überprüft.

Legen Sie nun das Plakat in die Mitte und malen oben links im ersten Kästchen das Gruppensymbol hin. Lassen Sie die Kinder in Ruhe das Plakat betrachten und lesen Sie auf Wunsch die Texte in den Spalten- und Zeilenköpfen vor. Kreuzen Sie alle senkrechten Spalten unter dem Gruppensymbol an, dabei zählen Sie laut mit, bis Sie die Anzahl der anwesenden Kinder erreicht haben. Die Kinder sollten jetzt das Prinzip, dass es für jedes Kind eine Zeile gibt, verstanden haben.
Beginnen Sie mit dem einfachsten Sortierkriterium, Mädchen und Jungen. Hierbei zählen die Kinder die Mädchen und die Jungen und anschließend wird das Ergebnis in die Tabelle eingetragen.
Führen Sie weiter aus, dass sich die Gruppe noch anders sortieren kann, und zwar nach Alter. Es sind Kinder in der Gruppe, die drei Jahre, vier Jahre, fünf Jahre oder auch schon sechs Jahre alt sind. Lassen Sie Handzeichen geben oder machen Sie das Ergebnis noch auf eine andere Art und Weise sichtbar und bestimmen Ecken oder Plätze, wo sich die Drei-, Vier-, Fünf- und Sechsjährigen verteilen. Es sollten unterschiedliche Plätze sein, damit das Ergebnis gut sichtbar ist.
Die Kinder tragen die Ergebnisse am besten immer als Kreuzchen in die Tabelle ein. Die Kinder sollten nach Möglichkeit die weiteren Sortieraufgaben selbst bestimmen, beispielsweise:

- Haarfarbe
- Farbe der Pullover
- Farbe der Hosen
- Anzahl der Geschwister
- Farbe der Hausschuhe
- Art der Hausschuhe

Betrachten Sie im Anschluss gemeinsam das Vermessungsplakat der Gruppe: Hier bietet sich den Kindern ein ganz neuer Blick auf ihre Gruppe in Form von Ziffern, Kreuzchen und Symbolen. Tabellen dieser Art können zwar keine Besonderheiten – und keine Gefühle – transportieren, aber sie können eine Art Weltsicherheit schaffen und einen Blick von außen sichtbar machen, der für alle neu sein kann.

27 Wenn die Trommel schweigt ...

BEWEGUNGSSPIEL

ALTER ab 4 Jahren

ZIELE Zählen üben, Bewegungsfreude

MATERIAL Trommel

Bei diesem kurzen Spiel, das auf einer freien Fläche oder im Bewegungsraum stattfinden kann, üben die Kinder das Zählen. Vor allem geht es hier aber ums Freundefinden.

Kommen Sie mit den Kindern im Bewegungsraum zusammen. Zunächst bewegen sich die Kinder nach eigenen Ideen zum Schlagen der Trommel durch den Raum, beispielsweise laufend, gehend, hüpfend oder tanzend. Schweigt die Trommel, rufen Sie oder ein Kind eine Zahl, etwa „drei". Nun müssen sich immer drei Kinder zusammenfinden. Bleiben ein oder zwei Kinder übrig, macht das nichts, denn das Spiel beginnt sofort von Neuem mit Trommelschlag und Bewegung. In der nächsten Runde wird eine andere Zahl angesagt.
Ab nun kann auch immer ein Kind abwechselnd die Trommel schlagen und eine Zahl ansagen.

VARIATION Einfacher, vor allem zu Beginn des Spieles, ist es vielleicht, wenn Sie für die Kinder Reifen auslegen, in denen sich die Teams mit den entsprechenden Mitgliederzahlen zusammenfinden.

28 Freunde im Kindergarten

PHILOSOPHIEREN IM SITZKREIS

ALTER ab 4 Jahren

ZIELE soziale Kompetenzen, Sprache

MATERIAL Sitzkissen, weiße Blätter DIN A5, Kleber, Tonkarton DIN A2, Farbstifte

Was ist ein Freund? Wie müsste der perfekte Freund sein? Gibt es das überhaupt? Beim Thema „Freundschaft" kommen die Kinder schnell ins Philosophieren. Prima! Unterstützen Sie die Gedanken der Kinder mit diesen Inspirationen.

Folgende Fragen können Ihnen helfen, ein Gespräch über Freunde ins Rollen zu bringen. In der Regel brauchen die Kinder bei dieser Frage aber kaum Ermutigung. Starten Sie damit, dass die Kinder ihre Freunde aufzählen.

- „Habt ihr Freunde?"
- „Wer ist euer Freund?"
- „Warum ist dieses Kind gerade euer Freund?"
- „Was macht ihr zusammen?"
- „Was mögt ihr an diesem Kind? / Was mögt ihr nicht?"
- „Habt ihr euch auch schon mal gestritten?"
- „Wie streitet ihr euch?"
- „Wen mögt ihr noch gern?"
- „Woran merkt ihr, dass ihr ein Kind besonders gern habt?"
- „Woran merkt ihr, dass ein anderes Kind euch auch gerne mag?"
- „Wie kann man jemandem zeigen, dass man ihn gern mag?"
- „Was wäre, wenn ihr keinen einzigen Freund hättet?"

Die Kinder begeben sich zum Maltisch und malen sich jeder selbst. Auf einem Plakat werden die Bilder angeordnet, sodass eine große Menschengruppe entsteht. Das große Gemeinschaftsbild von der bunten Gruppe wird zum Abschluss im Raum aufgehängt.

TIPP Am Ende der Gesprächsrunde machen Sie am besten deutlich, dass Sie alle Kinder gerne mögen und der Freund aller Kinder der Gruppe sind. Auch die Kinder untereinander sind Freunde, selbst wenn sie nicht immer gleicher Meinung sind oder gleiche Interessen haben.

29 Mein Körper – dein Körper

KREATIVAKTION MIT SPIEL

ALTER ab 3 Jahren

ZIELE Konzentration, Wahrnehmung

MATERIAL Fotos der Kinder, Schere, Kleber, Laminiergerät und Folie, Lineal, Bleistift

Dieses lustige, selbst gemachte Spiel ähnelt sehr dem Spiel MixMax. Es entsteht aus den Fotos der Kinder und kann nach seiner Einführung von den Kindern immer wieder alleine oder in Kleingruppen gespielt werden. Einmal hergestellt haben Sie so ein tolles Spielmaterial zur Hand, das die Kinder immer wieder zum Lachen bringen wird.

Fotografieren Sie alle Kinder in der gleichen Position, die Arme ausgesteckt nach oben. Vor dem Ausdrucken, die Fotos am besten noch so bearbeiten, dass alle Kinder auf den Fotos die gleiche Größe haben. Die ausgedruckten Fotos in vier Teile zerschneiden. Arme (oben), Kopf, Rumpf und Beine. Achten Sie darauf, dass die Arm-, Kopf-, Rumpf- und Beinteile jeweils gleich groß sind. Laminieren Sie die einzelnen Teile ein.

Im Sitzkreis zeigen Sie den Kindern die zerschnittenen Fotos. Legen Sie alle Foto-Teile in die Mitte und setzen Sie gemeinsam mit den Kindern die Fotos richtig zusammen. Die Kinder werden sehr viel Spaß dabei haben, sich selbst aus den Fotos herauszusuchen.
Sind alle zusammengesetzt, beginnen Sie ein lustiges Tauschspiel – die Kinder tauschen untereinander mal die Körper, die Arme, den Kopf und den Rumpf. Sprechen Sie darüber, wie die „Person" danach aussieht.
Anschließend geben Sie die Teile in eine Schachtel/Box und die Kinder können das Spiel im Freispiel selbstständig nutzen.

TIPP Drucken Sie die Fotos zweimal aus und zerschneiden nur eines. So können die Kinder vergleichen, ob sie sich richtig zusammengesetzt haben.

30 Unsere Freunde-Collage

SACHGESPRÄCH MIT KREATIVAKTION

ALTER ab 4,5 Jahren

ZIELE Erzählen, Erkennen von Freundschaften, Beobachtung, Sprache

MATERIAL Zeitschriften, Schere, Kleber, Plakat DIN A2, Stifte

Kann man Freundschaft auf Bildern erkennen? Gibt es ein Bild von der Freundschaft? Ihre Kinder beantworten diese Frage bestimmt mit Ja und bieten Ihnen dafür einfache und geniale Erklärungen, wie: „Die stehen nahe beieinander!" oder „Die lächeln!"

Sammeln Sie viele verschiedene Zeitschriften und bringen Sie sie mit in den Kinderkreis. „Können wir auf Bildern sehen, dass Menschen befreundet sind?" Diese Frage können die Kinder überdenken, während sie durch die Zeitschriften blättern. Lassen Sie die Kinder verschiedene Punkte dazu aufzählen, wie man Freunde erkennt:

- Die spielen miteinander
- Sie berühren sich
- Sie schauen sich freundlich an
- …

Die Kinder schneiden nun Bilder aus, auf denen sie zu erkennen glauben, dass zwei Menschen Freunde sind. Legen Sie eine gewisse Anzahl an Bildern fest oder beenden nach einer gewissen Zeit das Ausschneiden. Nacheinander erklären die Kinder, warum sie gerade auf diesem Bild „Freunde" sehen, und kleben ihr Bild auf das Plakat. Fahren Sie damit fort, bis alle Bilder aufgeklebt sind. Geben Sie der Collage ihren Titel „Freunde-Collage".

31 Wir sind die Storchengruppe!

KREATIVAKTION

ALTER ab 3 Jahren

ZIELE Gemeinschaftsgefühl entwickeln, Feinmotorik

MATERIAL Kopiervorlage „Schildmütze"
Für ein Gruppenshirt: ein weißes T- Shirt, Stoffmalfarben
Für eine Schildmütze oder ein Stirnband: Tonkarton in verschiedenen Farben, Schere und Kleber, Gummiband
Für einen Button: Tonpapier in verschiedenen Farben, Schere und Kleber, Laminiergerät und Folie, Anstecknadel, Heißklebepistole

Zusammengehörigkeitsgefühl ist etwas sehr Schönes. Die Kinder können es auch sichtbar machen. Wie? Durch gemeinsame Kleider, Buttons, Hüte, … Hier finden Sie Ideen dazu.

Für das Gruppenshirt

- Das T-Shirt nach der Gebrauchsanweisung der Stoffmalfarben vorbereiten.
- Die Kinder malen das Gruppensymbol selbstständig oder Sie malen es vor und die Kinder malen aus. Schreiben Sie den Namen der Gruppe über das Symbol und den Namen des Kindes darunter.

Für die Schildmütze oder das Stirnband

- Übertragen Sie die Vorlage der Schildmütze auf den passenden Tonkarton und die Kinder schneiden sie aus.
- Die Kinder malen das Gruppensymbol auf das Schild oder basteln aus Tonpapier das Symbol und kleben es auf.
- Schreiben Sie mit Filzstift den Gruppennamen und den Namen des Kindes auf die Mütze.
- Mit der Lochzange oder der Schere an den markierten Stellen Löcher machen und das Gummiband dort befestigen. Dabei den Kopfumfang der Kinder beachten.
- Für das Stirnband einen etwa 3 cm breiten Streifen Tonkarton zuschneiden. Für die Länge nehmen Sie den Kopfumfang des Kindes (probelegen!) und eine Klebezugabe.

Für den Gruppenbutton

- Einen Kreis von 10 bis 15 cm Durchmesser auf Tonpapier aufmalen.
- Die Kinder schneiden diesen aus und gestalten auf diesem Kreis das Gruppensymbol frei oder mit Vorlage. Schreiben Sie wiederum den Gruppennamen und den Namen des Kindes darauf.
- Den Kreis laminieren und mit der Heißklebepistole hinten die Anstecknadel befestigen.

TIPP Gestalten Sie auch ein T-Shirt für die Schulanfänger oder andere Altersgruppen Ihrer Einrichtung.

32 Unser großes Gruppenpuzzle

KREATIVAKTION

ALTER ab 3 Jahren

ZIELE Gemeinschaftsgefühl

MATERIAL Kopiervorlage „Puzzleteil", Malstifte, Schere, Kleber, Tonkarton

Puzzle bestehen aus vielen einzelnen Teilen, die sich zu einem gemeinsamen Bild zusammenfügen. Auch die Kita-Gruppe besteht aus vielen einzelnen Teilen bzw. Kindern, die sich gemeinsam zu einer Gruppe zusammenfügen. Um diese Zusammengehörigkeit zu untermalen, können Sie mit den Kindern ein Gruppenpuzzle erstellen.

Kopieren Sie die Puzzle-Kopiervorlage ab und schneiden Sie ein Puzzlestückchen für sich selbst aus. Malen Sie dieses Puzzleteil an, kleben Sie es auf stabile Pappe oder Tonkarton und schneiden Sie es nochmals aus. Die restlichen Puzzleteile für die Kinder können diese selbst ausschneiden oder Sie selbst übernehmen das Ausschneiden und geben alle Teile in ein Körbchen. Aus dem Körbchen darf sich jedes Kind ein Puzzleteil ziehen. Jedes Kind gestaltet nun sein Puzzleteil ebenfalls ganz individuell nach eigenen Ideen, klebt es auf Karton/Pappe und schneidet es aus.

In den Sitzkreis bringt nun jedes Kind sein Puzzlestückchen mit. Legen Sie ihr Puzzleteil in die Mitte und fragen die Kinder, ob ihr Teil passen könnte. So darf ein Kind nach dem anderen sein Teil an das Puzzle legen. Aus den einzelnen Teilen entsteht ein großes Puzzle. Fragen Sie die Kinder, was das bedeuten könnte. Toll, wenn die Kinder antworten, dass alle in der Gruppe zusammengehören. Vielleicht fallen auch Worte wie „Gemeinschaft", „unsere Gruppe" oder auch „Freundschaft".
Anschließend hängen Sie das Puzzle zusammengefügt auf. Über das Puzzle können die Kinder oder Sie selbst den Satz „Zusammen sind wir stark" schreiben.

TIPP Alternativ gestalten Sie mit den Kindern eine Kiste, in die die Teile kommen. Nun können die Kinder ihr Gruppenpuzzle immer wieder von Neuem zusammensetzen. Sie können die Puzzleteile auch ganz groß kopieren und später staunen, was für ein riesiges Puzzle nun herauskommt.

33 Das Rettungsfloß

GEMEINSCHAFTSSPIEL

ALTER ab 3 Jahren
ZIELE Gemeinschaftsgefühl, Sprache
MATERIAL eine ganze Tageszeitung

Bei diesem Spiel geht es darum, ein Gemeinschaftsgefühl zu entwickeln, denn nur wenn alle zusammenhalten, schaffen es die Kinder, sich mit dem Floß in Sicherheit zu bringen.

Kommen Sie mit den Kindern im Bewegungsraum zusammen. Alle setzen sich auf eine Seite des Raumes. Nehmen Sie die Zeitung komplett auseinander und verteilen Sie die Blätter nebeneinander im Raum, sodass eine große Zeitungsfläche entsteht. Die Kinder sollen sich auf die Zeitungsfläche stellen und Sie erzählen ihnen, dass die Zeitungen ein riesiges Floß auf dem großen weiten Meer bilden.
Das ist in diesem Stadium recht einfach, weil das „Floß" allen ausreichend Platz bietet.
Erklären Sie weiter, dass das Floß aus vielen einzelnen Brettern zusammengebaut wurde Doch leider sind die Bretter und die Seile, die sie zusammenhalten, zum Teil schon sehr morsch und kaputt. Daher löst sich ab und zu ein Brett vom Floß. Es ist wichtig, dass keiner ins Wasser fällt, denn das würde die Haie anlocken, die im großen Meer schwimmen. Deshalb müssen alle gut aufeinander achtgeben und sich gegenseitig helfen und gegebenenfalls festhalten.
Nehmen Sie nun Zeitungsstück für Zeitungsstück von der Fläche weg, hierbei können sie immer sagen: „Oje, eine große Welle reißt ein Stück Floß weg!"
Es sollen alle Kinder auf dem Floß bleiben und immer enger zusammenrücken.
Ziel des Spiels ist es, alle Kinder auf möglichst wenig Fläche zu vereinen. Ist das Minimum der möglichen Fläche erreicht, beenden Sie die Übung mit der Ansage, die Floßfahrt sei erfolgreich verlaufen und alle glücklich und gesund am Hafen angekommen, weil alle so gut zusammengehalten haben.

34 Getragen, geborgen, willkommen

VERTRAUENSSPIEL

ALTER ab 4 Jahren

ZIELE Aufbau von Vertrauen, Gruppenzusammengehörigkeit, den eigenen Körper wahrnehmen, Teambildung

MATERIAL eine große Decke

Bloß nicht loslassen – jeder darf sich mal tragen und schaukeln lassen. Hier erfahren die Kinder die Zuneigung ihrer Gruppenkameraden ganz körperlich. Dieses sportliche Spiel eignet sich prima, um spielerisch die Gruppenzusammengehörigkeit zu fördern.

Breiten Sie eine Decke auf dem Boden aus und alle Kinder stellen sich in einem Kreis um die Decke herum. Bitten Sie ein Kind, sich draufzulegen. Alle anderen fassen die Decke am Rand und heben sie vorsichtig an. Nun können die tragenden Kinder langsam durch den Raum gehen oder die Decke einfach nur vorsichtig hin und her wiegen. Damit die Kinder ein Zeitgefühl für die Länge der Übung haben, können Sie mit den Kindern ein Lied singen. Nach diesem Lied wird das Kind wieder vorsichtig abgelegt und der Nächste kommt an die Reihe.

TIPP Zu Anfang sollten Sie ein Kind bestimmen, bei dem Sie sicher sind, dass es für diese Übung genügend Vertrauen mitbringt. Damit erleichtern Sie es neuen Kindern in der Gruppe, sich auf eine solche Übung einzulassen.

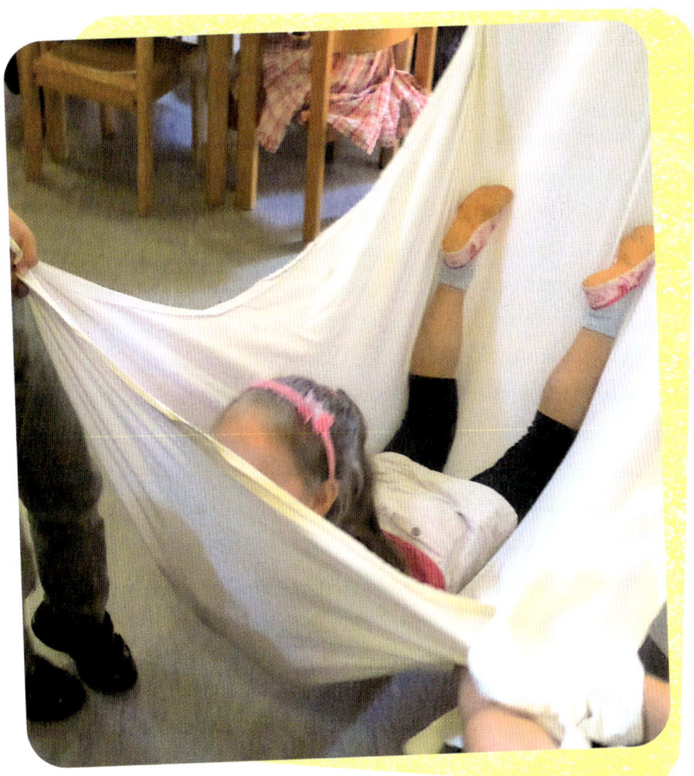

35 Das So-als-ob-Spiel

ROLLENSPIEL

ALTER ab 4 Jahren

ZIELE Sozialverhalten, Sprachförderung

MATERIAL Sitzkissen

Was du nicht willst, dass man dir tu, das füge keinem andern zu: Mit dieser Weisheit machen die Kinder bei diesem Spiel Bekanntschaft. Denn hier geht es darum, sich in einen anderen hineinzuversetzen und das eigene Verhalten abzuschätzen.

Beginnen Sie den Sitzkreis mit einer kleinen Geschichte, etwa:
Jana und Tina sind beste Freundinnen. Sie spielen jeden Tag miteinander. In letzter Zeit streiten sie sich oder nehmen sich gegenseitig immer etwas weg. Auch heute geht es schon wieder los. Jana und Tina malen und Jana malt Tina einen Strich auf ihr Blatt. Tina schreit Jana nun ganz laut an.

Was glauben die Kinder: Wie fühlt sich Tina, als auf ihr Blatt gemalt wird?
Und wie fühlt sich Jana, als sie angeschrien wird? Das So-als-ob-Spiel bietet noch mehr solcher

Situationen, die die Kinder jetzt im Spiel (!) ausprobieren können: Zwei Kinder stehen sich gegenüber. Sie geben eine Ausgangssituation vor, die die Kinder spielen und auch lösen sollen. Legen Sie dabei fest, wer den „Angreifer“ bzw. den „Verletzten“ spielen soll.

Möglichkeiten:
- Sage zu ... (Name), du bist eine Heulsuse.
- Schubse ... (Name) leicht an.
- (Name) nimmt dir ein Spielzeug weg.
- (Name) malt auf dein Papier.
- (Name) will nicht mit dir spielen.

Auch die Kinder schlagen weitere Situationen vor. Dabei können Sie auch Situationen thematisieren, in denen sie schon waren. Lassen Sie auch Wiederholungen zu, denn die Kinder erleben gleiche Situationen oft immer wieder neu.
Sprechen Sie nun mit den Kindern, wie sie sich bei diesem Spiel gefühlt haben, und lassen den Satz einfließen: „Was du nicht willst, dass man dir tu, das füge keinem anderen zu.“
Suchen Sie gemeinsam mit den Kindern nach Lösungen in Bezug auf Tina und Jana (im Hinblick auf die Weisheit). Sprechen sie auch über die anderen Situationen.
Beenden Sie die Übung, indem Sie mit den Kindern zusammen den Satz sprechen: „Was du nicht willst, dass man dir tu, das füge keinem anderen zu.“

TIPP Die Hinführung können Sie auch mit Handpuppen gestalten. Die Kinder identifizieren sich sehr rasch mit den Puppen, weil diese ohne Angst Gedanken und Erlebnisse ausdrücken, die auch die Kinder ganz tief in sich tragen.

36 Mein Familienstammbaum

SACHGESPRÄCH MIT KREATIVAKTION

ALTER ab 3 Jahren

ZIELE Familienzusammengehörigkeit, Sprache

MATERIAL Buntstifte, Bilder der Familienmitglieder, Schere, Kleber

Ein Familienstammbaum bildet für die Kinder familiäre Zusammenhänge ab. Auch ein Stammbaum kann helfen, die eigene Identität bewusst wahrzunehmen.

Geben Sie vorab jeder Familie eine kurze Nachricht mit, in der Sie um Fotos der Familienmitglieder bitten. Im Sitzkreis stellen die Kinder dann ihre Familienmitgliedern anhand der Fotos vor. Die Verwandtschaftsverhältnisse sind hier besonders wichtig. Die Kinder können zum Beispiel erkennen, dass Mama oder Papa jeweils die Kinder der Großeltern sind.

Je nach Familie gelten selbstverständlich auch nicht direkt blutsverwandte Beziehungen, denn Familie sieht heute häufig anders aus. Auch Stiefgeschwister und Stiefeltern, Cousins und Cousinen, die Großeltern statt der Eltern oder Betreuer können wichtige Rollen spielen. Wenn alle Kinder an der Reihe waren, können die Kinder einen Baum mit vielen Ästen malen. Dazu passend können sie ihre Fotos in den Baum einkleben. Sie können die Stammbäume auch gemeinsam rahmen. Später nehmen die Kinder sie dann als Erinnerung mit nach Hause.

37 Mein tierischer Freund

SACHGESPRÄCH MIT KREATIVAKTION

ALTER ab 3 Jahren

ZIELE Familienzusammengehörigkeit, Sprache

MATERIAL Plakat, Malblätter, Buntstifte, Tierzeitschriften, Schere und Kleber

Auch Haustiere sind natürlich Familienmitglieder. In dieser kleinen Aktion kommen diese tierischen Freunde zu Wort.

Am Tisch können Sie ein Gespräch über Haustiere anregen. Die Kinder, die sich gern zu Wort melden möchten, können erzählen, wo ihr Haustier schläft, wo es frisst, was es alles zu Hause macht.

Die Kinder können nun ihr Haustier malen oder ein Bild aus Zeitschriften ausschneiden. Dazu gestalten sie einen Schlafplatz oder andere Dinge, die für ihr Haustier wichtig sind. Kinder, die kein eigenes Haustier in der Familie haben, malen oder gestalten einfach ihr Wunschhaustier oder das Haustier eines anderen Familienmitglieds (etwa den Hund von Opa oder den Hamster eines Freundes oder Cousins).

Die Kinder können ihre Bilder auf ein großes gemeinsames Plakat kleben, das die Überschrift „Mein Haustier" oder „Unsere Haustiere" bekommt.

38 So nicht! Streitregeln

SACHGESPRÄCH MIT KREATIVAKTION

ALTER ab 4 Jahren

ZIELE soziale Kompetenz, Sprachförderung

MATERIAL Blätter, Buntstifte, großes Plakat

Streit, Krach, Zoff, Konflikte. Nicht nur Kinder streiten, auch in die Welt der Erwachsenen wird Streit die Kinder begleiten. Aber kann Streit auch wichtig sein? Wann und warum? Wie könnte ein Streit schneller vorübergehen oder nicht so schlimm werden? Mit Streitregeln könnte es klappen. Regeln funktionieren immer dann, wenn sie den Kindern nicht vorgesetzt werden, sondern gemeinsam mit ihnen erarbeitet worden sind. Die Vermittlung zur konstruktiven Bewältigung von Streitereien ist eine wichtige Voraussetzung für den Erwerb sozialer Kompetenzen.

Kommen Sie mit den Kindern in einem Sitzkreis zusammen und beginnen Sie mit einer Geschichte:

In der Bauecke raufen sich die Freunde Luca und Paul. Sie sind wütend aufeinander. Sehr wütend sogar. Die beiden streiten wie noch nie!

„Du bist gemein!", schreit Paul den Freund an.

„Und du bist eine Pfeife", schreit Luca zurück.

„Du darfst mir das Feuerwehrauto nicht wegnehmen, ich hatte es zuerst", brüllt Paul.

„Pah", macht Luca. „Muss ich dich fragen, wenn ich das Feuerwehrauto möchte?"

Paul ballt die Fäuste.

Luca grinst. „Vor dir hab ich keine Angst. Hau doch zu!"

„Na warte!" Paul will zuschlagen, doch die Erzieherin trennt die beiden Streithähne im letzten Moment.

Fragen Sie nun die Kinder, was in der Geschichte passiert ist, um anschließend zu eigenem Verhalten überzuleiten:

- „Hattet ihr auch schon mit jemandem Streit?“
- „Gibt es auch Dinge, die man bei einem Streit nicht tun sollte?“

Beginnen Sie mit einem Brainstorming, sammeln Sie Lösungsvorschläge und schreiben Sie sie mit, auch wenn die Kinder noch nicht lesen können – es spornt zu weiteren Ideen an.
Lesen Sie alle Ideen noch einmal vor und verteilen Sie sie auf die einzelnen Kinder, die dazu ein Bild malen sollen.

Mögliche Bilder:

- nichts wegnehmen
- nichts kaputtmachen
- keine Spielsachen werfen
- keine Schimpfwörter
- niemandem wehtun
- nicht ärgern

Die Kinder können ihre fertigen Bilder auf ein großes Plakat kleben. Ganz oben auf das Plakat schreiben Sie oder die Kinder „Streitregeln“.
Die Kinder können anhand der Bilder alle Regeln noch einmal wiederholen.
Hängen Sie dieses Plakat nun gut sichtbar im Gruppenraum auf. Zum Schluss können Sie noch gemeinsam besprechen, dass jeder einmal streitet und dass das nicht schlimm ist, sondern ganz normal. Wichtig ist beim Streiten, dass man sich dabei nicht wehtut und man weiß, dass auch böse Worte traurig machen können.

39 Ich schenke dir ein Herz

REZEPT

ALTER ab 3 Jahren

ZIELE Arbeitsabläufe in der Küche, selbstständiges Arbeiten

MATERIAL Ausstechform Herz, Backpapier, Rührschüssel, Rührgerät
Für den Teig: 750 g Mehl, 200 g Butter, 300 g Zucker, 4 Eier, 1 Päckchen Backpulver, 1 Päckchen Vanillezucker

Diese leckeren selbst gebackenen Herzkekse sind so lecker, dass die Kinder sie vielleicht nicht an die Eltern oder Freunde verschenken, sondern lieber selbst aufessen möchten. Darum können Sie, wie in diesem Beispiel, am besten gleich eine größere Anzahl herstellen. Die Kinder können den Beschenkten mit dieser kleinen Leckerei zeigen, wie wichtig sie für sie sind.

Stellen Sie gemeinsam mit den Kindern den Teig her. Dazu den Zucker, die Butter, den Vanillezucker und die Eier schaumig rühren.
Das Mehl zu dem Butter-Ei-Gemisch geben und alles zu einem Teig zusammenkneten.
Den Teig vor dem Weiterverarbeiten ca. ½ Stunde bis 1 Stunde kühl stellen.
Heizen Sie den Backofen auf 180 Grad vor. Gehen Sie am besten immer nur mit jeweils bis zu vier Kindern gleichzeitig in die Küche.
Teilen Sie an jedes Kind ein Stückchen Teig aus. Die Kinder rollen ihren Teig flach aus.
Mit der Herzform stechen die Kinder die Kekse aus und legen sie auf das mit Backpapier ausgelegte Backblech. Die Kekse müssen ca. 10 Minuten backen, bis sie leicht hellbraun sind.

Nach dem Backen und Auskühlen können die Kinder ihre Kekse noch mit Zuckerschrift, Schokoladen- oder Zuckerguss und Zuckerstreuseln verzieren.

Die Kinder überlegen selbstständig, wem sie alles einen Keks schenken möchten.

40 Meine Familie

SACHGESPRÄCH MIT KREATIVAKTION

ALTER ab 3 Jahren

ZIELE Begriff „Familie" verstehen, Sprache,

MATERIAL Familienbilder von jedem Kind, Kuvert, DIN A3-Blätter, Kleber, Stifte

Die Familie ist die erste Gemeinschaft, in der die Kinder leben. Dort erfahren sie Geborgenheit und Sicherheit. Die Kinder erfahren, wie wichtig Familie ist.

Bitten Sie die Eltern, jeweils ein Foto von jedem Familienmitglied mitzugeben. Das können die Bilder von Geschwistern, Oma und Opa, Onkel und Tanten sowie Cousinen und Cousins sein. Achten Sie darauf, dass immer nur ein Familienmitglied auf einem Foto ist. Geben Sie die Bilder von jedem Kind in ein Kuvert und beschriften diese mit dem Namen des Kindes, damit Sie sie unterscheiden können.

Wenn Sie alle Fotos zusammenhaben, kommen Sie mit den Kindern zu einem Kreis zusammen und öffnen ein Kuvert. Legen Sie die Fotos in die Mitte. Sprechen Sie darüber, wer auf den Bildern jemand erkennt. Wer ist abgebildet? Lassen Sie das jeweilige Kind, dessen Familie in der Mitte liegt, die Personen beschreiben. Vielleicht möchte es auch erzählen, wann es diese Personen trifft, was es Besonderes mit diesen machen kann …
Räumen Sie die Bilder wieder ins Kuvert und das nächste Kind ist an der Reihe. Machen Sie so lange weiter, bis alle Kinder einmal an der Reihe waren.

Nun kann jedes Kind seine Familie auf ein großes DIN A3-Blatt kleben. Beschriften Sie das Blatt nach Anweisungen und Wünschen der Kinder, etwa mit „Familie von … (Name des Kindes einfügen)". Notieren Sie auch die Namen oder Spitznamen der Familienmitglieder unter den Fotos. Die Kinder können auf Wunsch ihr Familienblatt noch weiter ausgestalten.

41 Ein Familienausflug

BEWEGUNGSAKTION

ALTER ab 3 Jahren

ZIELE Grobmotorik, Freude an der Bewegung, Kreativität, Körpergefühl, soziale Kompetenzen

MATERIAL Langbank

Beim Erlebnisturnen kann man den natürlichen Drang der Kinder nach Bewegung nutzen, um ihre motorische Entwicklung zu unterstützen. Übungen aus den Bereichen Rennen, Springen, Klettern, Werfen usw. schulen Kraft, Ausdauer, Geschicklichkeit, Gleichgewicht und Schnelligkeit. Jedes Kind kann sich dabei durch intensivere Durchführung oder Auswahl der Übungen seinem Alter entsprechend beteiligen.

Als Vorbereitung stellen Sie die Langbank in der Mitte des Raumes mit viel Platz nach allen Seiten auf. Die Geschichte sollten Sie sich vor Beginn gut durchlesen, damit Sie sie später im Kopf haben.

Dann kann es losgehen: Haben die Kinder Lust, heute einen Turnausflug mit Familie Maier zu machen? Bitten Sie die Kinder, sich dazu zunächst im Raum einen Platz zum Hinlegen zu suchen.

Geschichte

Familie Maier hat für heute als besonderen Familienausflug eine Wanderung geplant. Familie Maier, das sind Mama Heike, Papa Klaus und die Kinder Peter und Nele.
Die ganze Familie liegt noch im Bett, als die ersten Sonnenstrahlen sie wachkitzeln.
sich selbst kitzeln

Das schöne Wetter lädt sie ein, den Ausflug gleich zu beginnen. Also schnell aufstehen und anziehen.
alle Kinder stehen auf und spielen pantomimisch das Anziehen nach

Mama Heike hat für jeden einen Rucksack mit etwas Leckerem gepackt.
Rucksack aufsetzen

Frohgelaunt und ausgeschlafen laufen sie nun los.
durch den Raum laufen

Sie recken sich der Sonne entgegen und dann hüpfen sie weiter.
ausgiebig recken und strecken und dann weiterhüpfen

Der Weg führt Familie Maier über eine Wiese. Da sie nass ist, müssen alle mit großen Schritten durch das Gras gehen.
ausladende Schritte machen

Oje, am Ende der Wiese ist ein Zaun. Doch alle springen oder klettern einer nach dem anderen über den Zaun auf die andere Seite.
über die Langbank springen oder steigen

Munter geht Familie Maier weiter. Plötzlich hören sie etwas. Die ganze Familie bleibt stehen und lauscht.
stehen bleiben, die Hand an ein Ohr halten

Dann schauen alle vier zum Himmel.
die Hand vor die Stirn halten und nach oben schauen

Familie Maier sieht eine große Vogelschar, sie fliegt am Himmel entlang und ruft ganz laut.
die Arme ausbreiten, durch den Raum „fliegen" und den Vogelgesang nachmachen

Nun geht es weiter.
wieder durch den Raum laufen

Der Weg führt alle zu einem kleinen Bach. Ein schmaler Baumstamm führt über den Bach. Vorsichtig balancieren alle Maiers über den Baum auf die andere Uferseite.
über die Langbank balancieren

Trocken sind die Maiers auf der anderen Seite angekommen und befinden sich nun auf einer Wiese. Auf ihr wachsen unzählige kleine Blumen …
in die Hocke gehen

… und große Blumen.
auf die Zehenspitzen stellen

Sie alle haben ihre Blütenkelche geöffnet …
langsam die zusammengehaltenen Arme nach oben führen und sie dann langsam weit öffnen

… und schauen zur Sonne.
nach oben schauen

„Hier ist so ein schöner Platz! Lasst uns hier eine Rast machen!", schlägt Mama Heike vor. Sie packt die Picknickdecke aus und alle setzen sich.
Kinder setzen sich auf den Boden

Jeder packt seine mitgebrachten Leckereien aus. Papa Klaus ein Wurstbrot, Mama Heike ein Käsebrot, Paul eine Tomate und Nele einen Apfel.
auspacken und essen

Alle packen zusammen und setzen die Wanderung fort, dabei hüpfen und rennen Mama, Papa und die Kinder durch den Wald.
gehen, laufen oder hüpfen

Als sie an einigen aufgestapelten Baumstämmen vorbeikommen, entdecken sie eine Käferschar, die hintereinander über einen Baumstamm krabbelt
alle krabbeln hintereinander über die Langbank

Weiter geht es immer den Waldweg entlang, bis Papa plötzlich stoppt und den Kindern Hasen zeigt, die über den Weg hoppeln.
die Kinder hoppeln durch den Raum

Der Ausflugstag vergeht viel zu schnell und langsam wird es dunkel. Die Maiers müssen sich auf den Heimweg machen.
Schritte werden schneller

Es wird langsam auch kühl.
Arme reiben

Familie Maier kommt wieder zu dem Bach. Das Wasser plätschert ganz leise. Vorsichtig balancieren sie über den Baumstamm zur anderen Seite.
über die Langbank balancieren

Sie laufen weiter und erreichen die Wiese und springen oder klettern über den Zaun.
über die Langbank springen oder steigen

Nun rennen sie los, um zu sehen, wer als Erster zu Hause ist.
rennen

Dort setzt sich jeder auf die Gartenbank.
alle Kinder setzen sich auf die Bank

Die ganze Familie denkt nun an die schöne Wanderung zurück. Papa Klaus denkt besonders an seinen tollen Sprung über den Zaun, Mama Heike an die wunderschöne Blumenwiese, Paul an die Käfer und Nele an die vielen zwitschernden Vögel.

VARIATION Die Geschichte kann auch ohne die Langbank geturnt werden. Ermuntern Sie die Kinder, eigene Ideen in den Verlauf der Geschichte mit einzubringen, und schon kann ein ganz anderer Familienausflug entstehen.

42 Dankeschön-Karten

KREATIVAKTION

ALTER ab 4 Jahren

ZIELE soziale Kompetenz, Feinmotorik, Sprache

MATERIAL Tonkarton in verschiedenen Farben, Reste von Tonpapier, Schere und Kleber, Buntstifte, Filzstifte

Das Bedanken gehört zu den wichtigsten Gesten in der Gesellschaft. Die Gründe, warum man sich bei jemandem bedankt, können ganz unterschiedlich sein. Kinder lernen von klein auf, dass es Hilfeleistungen oder Geschenke gibt, für die man sich bedankt. Wenn sich jemand für etwas bedankt, zeigt dieser seinen Respekt und schätzt, was man für ihn getan hat. Sich mit einer selbst gestalteten Karte zu bedanken, erfreut andere, und das wiederum spürt das Kind. Gerade bei Kindern bedanken wir uns viel zu selten. Für diese Dankeschön-Karten werden die Kinder bestimmt sehr viel Lob ernten und sich stolz fühlen.

Stellen Sie aus dem Tonkarton Klappkarten her. Dabei legen Sie die Größe fest. Die Karten können DIN A5 oder DIN A4 sein. Bereiten Sie einige Schablonen für Herzen, Blumen oder Schmetterlinge vor.

Setzen Sie sich mit den Kindern an einen Tisch und spielen Sie eine Situation, bei der sich jemand bedanken soll. Hier können Sie einem Kind etwas geben (z. B. ein Taschentuch) oder Sie machen eine Essensrunde (z. B. mit Gummibärchen). Führen Sie im Gespräch weiter aus, bei welchen Gelegenheiten man sich bedanken könnte oder sollte.
Eine tolle Art, um einmal etwas ausführlicher „Danke!" zu sagen, ist eine Dankeschön-Karte. Legen Sie einige im Vorhinein angefertigte Karten auf den Tisch und besprechen Sie gemeinsam, wie eine solche Karte gestaltet werden könnte oder noch aussehen könnte. Anschließend legen Sie die Schablonen und das Tonpapier dazu und die Kinder gestalten eine Karte ihrer Wahl selbstständig.
Nach der Fertigstellung der Karten versehen Sie oder die Kinder diese mit dem Wort „Danke". Suchen Sie mit den Kindern einen Platz, wo sie die Karten verwahren. Wenn nun ein Anlass entsteht, bei dem Sie sich gemeinsam mit den Kindern bedanken möchten, greifen Sie auf diese Karten zurück.

TIPP Gestalten Sie doch in einer Gemeinschaftsarbeit eine Riesenkarte! Das werden die Kinder spannend finden und ihr Dank wird ganz sicher lange in Erinnerung bleiben.

Das bin ich

So heiße ich ....

SO SEHE ICH AUS

Ich bin 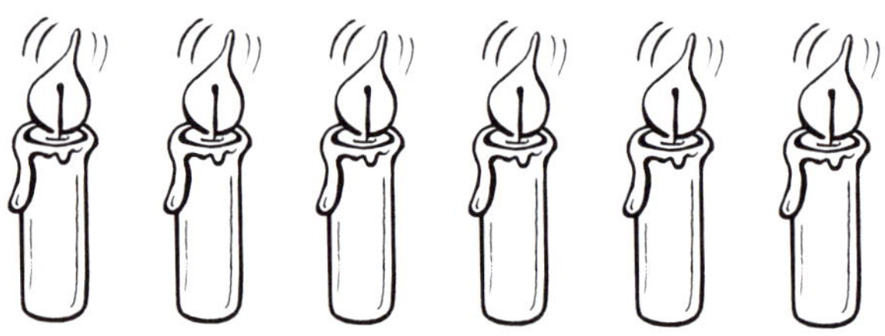 Jahre alt.

Ich bin .... groß.

Meine Haarfarbe ist:

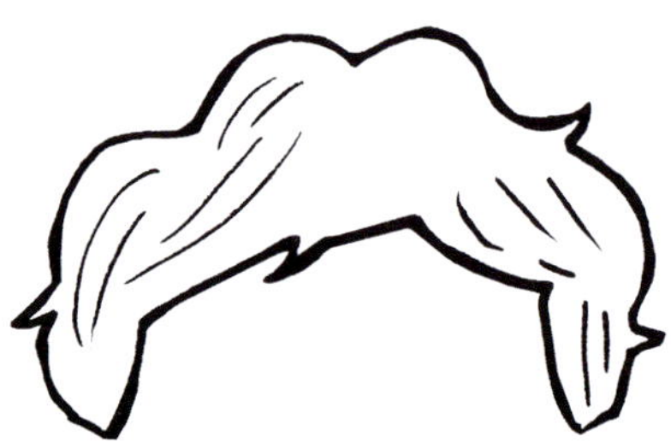

Meine Augenfarbe ist:

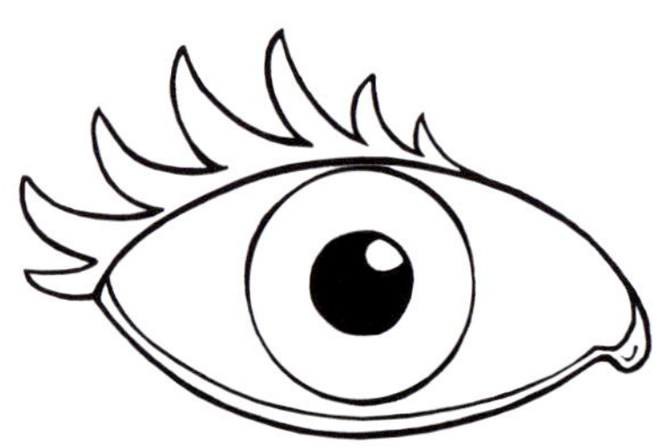

Einladung

Liebe Familie ....

Wir laden Euch herzlich zu unserem Familienfest

am .... um .... Uhr ein.

Die Rückanwort bitte bis zum .... abgeben.

- -

Familie ....

nimmt mit .... Personen an dem Familienfest teil.

....

Datum Unterschrift

Gefühlsbarometer

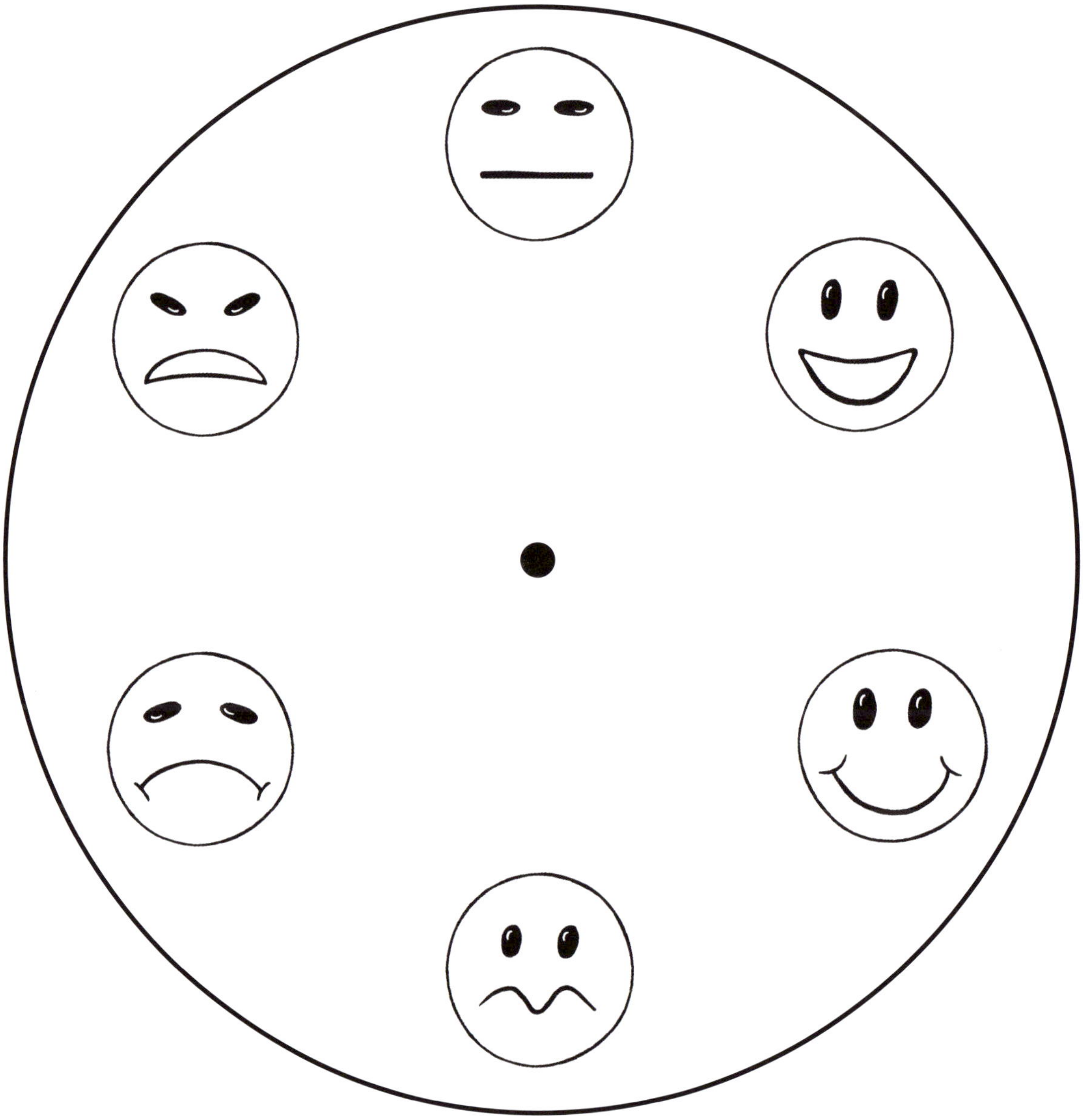

Puzzleteil

Schildmütze

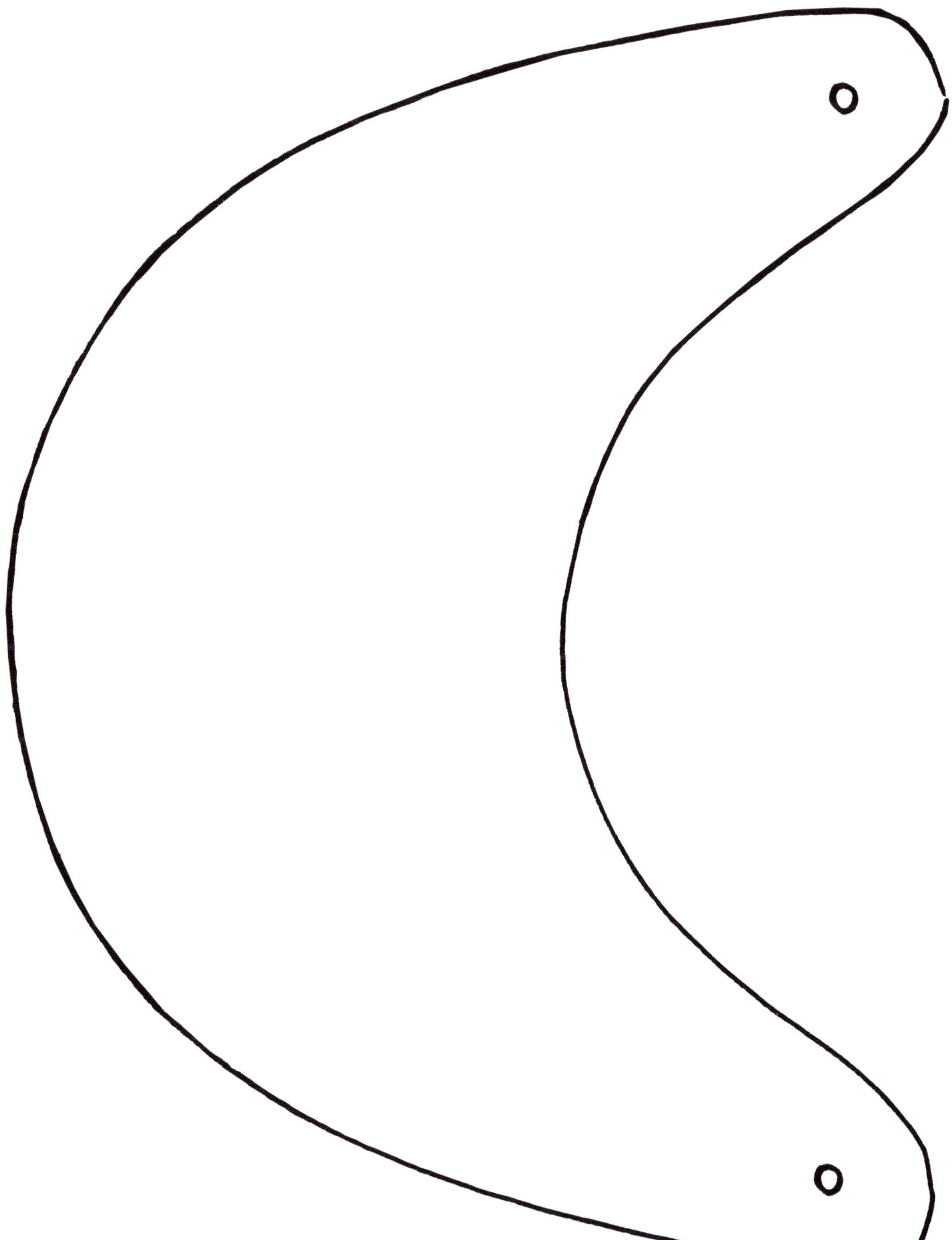

Geburtstagstorte – So alt bin ich

→ Male die Torte an, die zeigt, wie alt du bist.

Meine Familie

HIER EIN FAMIILIENFOTO
EINKLEBEN

DAS IST MEINE FAMILIE

Zu meiner Familie gehören: ....

....

....

Am liebsten mache ich mit Euch: ....

....

Datum:

....

Meine Freunde

FOTOGRAFIEREN SIE DAS
KIND MIT SEINEN FREUNDEN

DAS SIND MEINE FREUNDE

Meine Freunde heißen: ....

....

....

Am liebsten spiele ich mit Euch: ....

....

Datum:

....

Bibliografische Information der Deutschen Bibliothek
Die Deutsche Bibliothek verzeichnet diese Publikation in der Deutschen Nationalbibliografie; detaillierte bibliografische Daten sind im Internet über http://dnb.ddb.de abrufbar.

3. Auflage 2026

Texte: Anja Mohr
Illustrationen: Rebecca Meyer
Abbildungen: Alle Fotos von Anja Mohr mit Ausnahme von Cover © drubig-photo – Adobe Stock, Fond S.7/25/45 © PixieMe – Adobe Stock, © S. 7 © Pixel-Shot – Adobe Stock, S. 25 © Photographee.eu – Adobe Stock, S. 45 © Oksana Kuzmina – Adobe Stock

Druck und Bindung: PNB
ISBN 978-3-7806-5144-0